AF548391

IMPRESSUM

Math. Lempertz GmbH
Hauptstraße 354
53639 Königswinter
Tel.: 02223 900036
Fax: 02223 900038
info@edition-lempertz.de
www.edition-lempertz.de

Dieses Kochbuch wurde nach bestem Wissen und Gewissen verfasst. Weder der Verlag noch der Autor tragen die Verantwortung für ungewollte Reaktionen oder Beeinträchtigungen, die aus der Verarbeitung der Zutaten entstehen.
Der Markenname „Themomix®" ist rechtlich geschützt und wird nur als Bestandteil der Rezepte verwendet. Für Schäden, die bei der Zubereitung der Gerichte an Personen oder Küchengeräten entstehen, wird keine Haftung übernommen. Bitte beachte die Anwendungshinweise der Gebrauchsanweisung deines Thermomix®gerätes.

www.facebook.com/mixtipprezepte

Titelbild: ©Adobe Stock
Lektorat: Annemarie Ulrich
Layout/ Satz: Christine Mertens
ISBN: 978-3-96058-320-2

Fotos:
©Adobe Stock: lil_22, Yuliia, Tanya Syrytsyna, olesyaturchuk, shoshina, Hanna, byrdyak, alfa27, Xaver Klaussner, shocky, taviphoto, Nadine Haase, AB Photography, Tom Bayer, val2014, karpichenko, Rionegro, shadowmoon30, Bergringfoto, markmedcalf, Morev_N, Otto Durst, MaciejBledowski, bridgephotography, prochym, WildMedia, MarianneHydalsvik, Yevgeshka, MikeHubert, Zachary, adamfichna, ginettigino, Alexander, Animaflora PicsStock, M. Schuppich, Piotr Krzeslak, goodmanphoto, exclusive-design, HLPhoto, agrus, Stillfx
©Ina-Maria Klups

Druck und Bindung:
Belvédère Print & Packaging BV, www.TheArtOfMakingBooks.de

INA-MARIA KLUPS

KOCHEN MIT DEM THERMOMIX®

LEMPERTZ

Inhalt

Kleine Köstlichkeiten

Eingepacktes vom Wild

Flüssiges mit Einlage

Etwas zum Sattwerden

Mal etwas anderes

Liebe Thermomixfreunde,

ein neues Jagdjahr beginnt klassischerweise am 1. April. Aufgrund des hohen Bestandes an Wildschweinen dürfen diese (abgesehen von führenden Bachen) aber mittlerweile ganzjährig geschossen werden. Die Bockjagd beginnt dann am 1. Mai und so kommt es – je nachdem, in welchem Bundesland wir jagen –, dass wir fast in jedem Monat des Jagdjahres, neben der Hege und Pflege, etwas zu jagen haben. Und das bedeutet auch, dass ich fast das ganze Jahr über wertvolles Bio-Fleisch bekommen kann – nicht nur zu Weihnachten, wie viele vielleicht denken!

Dieses Buch gibt einen Einblick in die Vielseitigkeit der Zubereitung verschiedener Wildarten und soll auch zeigen, dass man beim Thema „Wild" keine Angst haben muss, nicht die nötigen Gewürze parat zu haben. Wildfleisch ist in der Zubereitung ganz unkompliziert. Auch das Einlegen in eine Beize im Vorfeld ist nicht zwingend erforderlich. An der Zartheit des Fleisches verändert es nichts, wenn man nicht gerade hochprozentigen Essig verwendet. Es muss allerdings bedacht werden, dass die richtige Fleischreifung nach dem Schuss beginnt und seine Zeit im Reifeschrank dauert.

Wie lecker Wild sein kann, wird euch dieses Buch zeigen. Auch wenn ihr bislang keine Erfahrung mit Wild gemacht habt: Wir können euch versprechen, es wird euch gelingen. Und eure Familie und eure Gäste werden begeistert sein! Unsere Autorin hat schon zu vielen Anlässen mit Freunden und Familien Wildgerichte zubereitet. Wenn sie im Vorfeld ihre Gäste gefragt hat, was sie nicht essen, so kam oft die Antwort: „Ich esse alles, nur kein Wild." Dennoch hat sie dann häufig Wild zubereitet. Keiner hat es bemerkt und es hat allen supergut geschmeckt. Ein Beispiel: Beim Nachbarschaftsgrillen, wo jeder etwas mitbringen sollte, hat sie mal Kaninchenkeulen schön würzig eingelegt und in Alufolie auf den Grill gelegt. Alle rissen sich um die kleinen zarten Keulen, weil sie vermutlich dachten, es seien Hähnchenkeulen! Bis ein Nachbar fragte, warum sie denn so sorgsam die Haut von der Keule entfernt hätte ...

Und jetzt können wir nur sagen: Ran an das Wild und gutes Gelingen!

Antje Watermann

Herausgeberin, Edition Lempertz

Wild
Einleitung

Was ist das Besondere am Wild?

Bei in Deutschland frei lebenden Tieren handelt es sich meist um Schwarzwild, Rotwild, Rehwild, Damwild, Gamswild, Wildtauben, Wildkaninchen, Hasen, Fasane, Wildenten und Wildgänse.

Dass Wildfleisch nicht nur einen besonderen Geschmack hat, sondern auch als besonders gesundes Fleisch gilt, hat sich mittlerweile herumgesprochen. Doch was macht das Wildfleisch eigentlich so einzigartig?

- Wild lebt in der freien Natur und wächst nicht im Gatter auf. So ist der Fettgehalt des Fleisches immens gering! In den Wäldern steht dem Wild auch mehr natürliche Nahrung zur Verfügung als den Gattertieren.
- Der Geschmack von Wildfleisch ist von Art zu Art unterschiedlich! Bis auf Wildkaninchen ist das Wildfleisch aber immer eher dunkel.
- Wildfleisch ist reich an wertvollen Nährstoffen, hat weniger Cholesterin als anderes Fleisch, viele B-Vitamine, Calcium, Vitamin E, Eisen und Phosphor. Der Anteil an ungesättigten Fettsäuren fällt auch verhältnismäßig hoch aus. Der Anteil an gesättigten Fettsäuren ist relativ gering. Kohlenhydrate kommen in geringer Menge vor, Ballaststoffe gar nicht.
- Auf 100 g Wildfleisch kommen ca. 20 g Eiweiß, ca. 76 g Wasser, 3 g Fett, der Rest sind Mineralien, Spurenelemente und Vitamine.
- Als Qualitätsmerkmal für gutes Wild gilt ein leicht säuerlicher, aber angenehmer Geruch.

Die richtige Fleischreifung

Das zur Fleischreifung benötigte Glykogen wird bei der Schlachtung zu Milchsäure abgebaut. Durch diese biochemische Reaktion wird der Fleischgenuss erheblich erhöht. Eine optimale Fleischreifung kann dabei nur vonstattengehen, wenn nicht nur ein optimaler Schuss abgegeben wurde, sondern ein nicht gestresstes Wildtier unmittelbar nach dem Schuss auch verendet. Je länger das Tier flüchtet, desto zäher wird hingegen das Fleisch.

Im tierischen wie auch im menschlichen Organismus wird Glykogen aus der Nahrung gewonnen und in der Leber und in den Muskeln gespeichert. Mit der Hilfe von Sauerstoff wird das Glykogen bei der Muskeltätigkeit abgebaut. Dabei wird Energie freigesetzt, die auf Phosphatverbindungen übertragen werden. Es entsteht Kohlendioxid, das über den Blutweg zur Lunge gelangt und ausgeatmet wird. Im gleichen Zuge wird Sauerstoff aufgenommen und gelangt so zusammen mit dem Glykogen in die Muskeln.
Steht nun nach dem Schuss der Blutstrom still, so wird, wie eingangs erwähnt, das Glykogen zu Milchsäure abgebaut, da der Sauerstoff nicht mehr transportiert werden kann. Auch mit dem Abbau der letzten Phosphatverbindungen bleibt der Muskel mitten in seiner Arbeit stehen. Das sieht man an dem pH-Wert des Fleisches, der beim lebenden Tier ca. 7,2 beträgt und nun auf ca. 5,2 absinkt.
Sichtbares Zeichen der Fleischreifung ist die Totenstarre. Sie beginnt ca. 1 Stunde nach dem Erlegen am Hals, zieht sich fort über die Schulter bis zu den Keulen und dauert mehrere Stunden. Spätestens dann muss das Fleisch mindestens bis zur Auflösung der Totenstarre bei 2–7 Grad in die Umluftkühlung.
Im sauren Milieu bilden sich ferner Enzyme, die die Muskelverhärter und das Kollagen zersetzen. So wird das Fleisch superzart. Ebenfalls verhindert der saure pH-Wert, dass sich Bakterien ansiedeln können.

Eine nicht optimale Fleischreifung erfolgt hingegen, wenn das Tier z.B. auf einer Drückjagd geschossen wird und schon einige Zeit vor Hunden oder Treibern auf der Flucht war. Wegen der Übersäuerung der Muskeln (pH-Wert um 6 und darunter) setzt die Totenstarre blitzartig ein und löst sich auch recht schnell wieder auf. Der kurzfristig abgesenkte pH-Wert steigt wieder an. Dieses als Notreifung bezeichnete Fleisch ist qualitativ minderwertig, sodass es auch durch langes Abhängen nicht die richtige Zartheit erlangt. Es bleibt zäh und wässrig!
Auch das rechtzeitige Aufbrechen ist ein

wichtiges Kriterium, um schmackhaftes Wildbret zu bekommen. Nach ca. 45 Minuten bricht die Magen-Darm-Barriere zusammen, dann wandern Keime in das Fleisch!

Aber auch ältere Tiere können durch die richtige Fleischreifung zarte Bratenstücke liefern. Das herkömmliche Denken, dass nur Kälber gutes Fleisch liefern, ist nicht richtig. Im Gegenteil – ältere Stücke schmecken aromatischer, nur die Fleischstruktur ist ein klein wenig anders.
Wir Jäger müssen vieles beachten und deshalb ist der Fleischkauf auch eine Vertrauenssache.
Zusammengefasst heißt dies: Eine bedeutende Rolle beim Wildbret spielt die Fleischhygiene, auf die der Jäger vor und nach dem Erlegen achtet. Der Schuss sollte umgehend die tödliche Wirkung haben und darf nicht durch die Gedärme des Tieres gehen. Maßgeblich ist auch das Einhalten der Kühlkette. Ein weiteres Kriterium ist die Untersuchung auf Trichinen, z.B. beim Wildschwein.
Wenn man das alles beachtet, ist der Genusswert beim Wildfleischverzehr enorm hoch!

Die Paarungszeit bei Wildtieren

Anders als wir Menschen paaren sich Wildtiere nur zu bestimmten Jahreszeiten. Jede Wildart hat seine bestimmte Paarungszeit, einzig die Wildschweine halten sich nicht daran. Bachen und Keiler sind das ganze Jahr über paarungsbereit. Dass nur im Dezember und Januar Frischlinge gezeugt werden, liest man häufig, aber auch das hat sich geändert. Frischlinge sind mittlerweile über das ganze Jahr verteilt im Revier zu sehen.
Aber was bedeutet das in Bezug auf unser Fleisch? In der Paarungszeit verbraucht das männliche Stück einen großen Teil seiner Energie und riecht ganz anders – das heißt, die Hormone spielen verrückt! Das Fleisch erhält dadurch eine etwas schlechtere Qualität. In der Zeit vor der Brunft (Feistzeit) frisst sich z.B. der Hirsch viel an, da er in der Brunft nicht sehr viel Zeit zum Fressen hat. Das beste Fleisch zum Grillen ist für mich daher das Fleisch dieses sogenannten Feisthirschs. Dem Fleisch fühlt man richtig das stressfreie Leben an – vorausgesetzt, der Schuss saß richtig!

Was mache ich nun aber mit einem Rehbock, der in der Brunft geschossen wurde? Da verwende ich nur das Fleisch, alle Knochen schneide ich raus. Das Fleisch wird dann portionsweise vakuumiert, mit B-Bock und Datum beschriftet und mindestens vier Monate gefrostet. Danach schmeckt das Fleisch deutlich besser.

Anbei ein kleiner Überblick der Paarungszeiten des essbaren Wildfleisches:

- Bei Wildkaninchen ist die Paarungszeit von Februar bis Juli, aber das richtet sich auch nach der Witterung. In warmen Zeiten verschiebt sich das ein wenig. Das Weibchen kann bis zu sieben Würfe im Jahr haben.
- Der Hase pflanzt sich von ca. Januar bis Oktober fort. Das Weibchen kann drei- bis viermal Junge bekommen.
- Mitte Juli bis Anfang August hat das Rehwild seine Paarungszeit. Die Ricke bekommt nur einmal im Jahr Nachwuchs.
- Die Paarungszeit des Rothirsches beginnt Anfang September und dauert ca. sechs Wochen.
- Auch das weibliche Stück Rotwild setzt nur ein Kalb im Jahr.
- Das Gamswild pflanzt sich fort von Ende Oktober bis Dezember. Die Gamsgeiß bekommt nur einmal im Jahr Nachwuchs.
- Ringeltauben legen ihre zwei Eier von April bis Mai. In Mitteleuropa kann dies aber auch schon im Februar geschehen.

Wie komme ich als Nichtjäger an Wildfleisch?

Allgemein vermitteln Kreisjägerschaften Adressen, wo man dann das Fleisch kaufen kann. Manchmal sind auch schon auf den Webseiten Adressen zu finden. Die Kreisjägerschaften findet man immer über Google oder ähnliche Suchmaschinen.

Beim Kauf stellen sich aber noch weitere Fragen. Wie der Fleischkauf beim Metzger ist auch anderswo der Kauf von Wildfleisch Vertrauenssache. In der Regel ist das Fleisch vakuumiert und der Kunde kann erst einmal nicht viel hinsichtlich Qualität des Fleisches erkennen. Aber man kann Fragen stellen, um herauszufinden, wie gut die Qualität vermutlich ist.

Meine Fragen lauten immer ungefähr so:

- Machte das Stück vor dem Schuss einen kranken Eindruck?
- Wann wurde das Wild geschossen?
- Was passierte nach dem Schuss? Verendete das Wild sofort oder ist es noch ein Stück gelaufen?
- Wie wurde das Fleisch gereift? Im Vakuum, in der Decke (Fell) oder ohne? (Das muss der Verkäufer auf jeden Fall wissen. Das Reifen in der Decke ist für mich der Idealfall, da gehen die Meinungen aber extrem auseinander.)

Und wenn man jetzt noch einen erfahrenen Jäger vor sich hat, dann gibt er dir noch Tipps zur Zubereitung!

Welche Fleischteile vom Wild eignen sich besonders für den Thermomix®?

Bei guter Reifung des Fleisches eignen sich alle Teile für den Thermomix®. Die Garzeiten sind allerdings sehr unterschiedlich. Bei einigen Bratenstücken muss man entweder lange Garzeiten in Kauf nehmen oder aber die Sehnen sorgfältig rausschneiden, denn sonst muss das in den Sehnen enthaltene Kollagen lange gegart werden, um auf der Zunge zu zergehen. Legt man aber das Fleisch einen Tag in eine passende Marinade ein, kann man es auch supergut grillen.

Das zarteste Fleisch beginnt im Rückenbereich und je weiter man nach unten geht, desto fester wird es. Grundsätzlich verwende ich alles vom Wild. Aus den Knochen koche ich meine Fonds, die Fleischteile portioniere ich küchenfertig. Von den Innereien verwende ich allerdings nur die Leber und das Herz. Lunge und Nieren sind nicht so mein Geschmack.

- Der Träger (Hals, Nacken) eines Hirsches bringt große Fleischstücke, beim Reh bleibt nicht so viel übrig. Ansonsten ist der Aufbau beim Haarwild gleich.
- Die Backen (allerdings pro Tier leider immer nur 2) eignen sich nur zum Schmoren oder aber, wie in meinem Rezept, zum Confieren.
- Der Träger (Hals) eignet sich zum Schmoren, für Gulasch und zum Grillen bei richtiger Marinade. Nackensteaks vom Wildschwein sind eine Delikatesse.
- Das Blatt (Schulter, Schäufele, Haxe abgetrennt) kann man gut schmoren. Schneide ich allerdings die Sehnen heraus, dann kann ich es auch zum kurzen Braten verwenden. Dann bleibt auch viel übrig, woraus ich eine Wildbrühe kochen kann. Die Haxen kann man schmoren oder aber klein gehackt für eine Suppe verwenden.
- Der Rippenbogen mit anhängendem Bauchlappen könnte, wenn die Rippenknochen ausgelöst sind, zum Rollbraten oder als Rouladen verwendet werden. Auch Ragout kann man daraus schneiden oder ihn aber für den Grill, z.B. für Sparerips, vorbereiten.
- Der Rücken wird gern im Ganzen zubereitet, aber das ist nicht so einfach. Durch den Knochenanteil ist die Garzeit recht lang und das Fleisch wird immer unterschiedlich gegart, denn die Hitze dringt zum Knochen langsamer vor als zu den außenliegenden Fleischteilen. Deshalb bevorzuge ich das

Auslösen des Fleisches, denn so habe ich kurze und gleichmäßige Garzeiten und optimale Möglichkeiten, es auch im Thermomix® zu garen. Allerdings fehlen die Röststoffe, die nur eine Pfanne oder ein Grill erzeugt. Deshalb ist für mich das Nachrösten ein Muss.

- Das echte Filet sitzt unter dem Rücken und ist das edelste Stück. Ich kann es auch in eine Suppe geben oder panieren. Aber für mich ist der Fleischgeschmack nur dann perfekt, wenn ich es kurz brate. Dazu einen schönen Salat und schon habe ich ein schnelles Gericht.
- Die Keule kann im Ganzen gegart werden, aber dann ist sie für den Thermomix® zu groß. Portioniert in einzelne Bestandteile ist sie aber auch sehr gut zu verwenden. Sie besteht aus der Oberschale, Unterschale mit anhängender falscher Lende, Beckenmuskel, Haxe und der Nuss. Ein Kniegelenksmuskel liegt noch über der Unterschale. Aus der Oberschale schneide ich Steaks, Schnitzel oder Ragout. Die Garzeit ist hier kurz. Die Unterschale eignet sich zur Verarbeitung zu Geschnetzeltem, zum Grillen oder auch als Schnitzel, denn auch hier haben wir den Vorteil der geringen Garzeit. Die Nuss ist ein hervorragendes Bratenstück, kann aber auch zu Steaks geschnitten oder zu Schinken verarbeitet werden. Der Beckenmuskel eignet sich auch zum Schmoren, kann aber auch auf den Grill. Die Haxe hat die längste Garzeit.

Nach dem Zerlegen der Wildteile in die verschiedenen Bratenstücke bleiben viele Kleinteile und Abschnitte übrig. Angefrostet lässt sich daraus im Thermomix® im Handumdrehen Hackfleisch herstellen.

Nun bist du bestens vorbereitet, um meine Rezepte auszuprobieren. Ich wünsche dir dabei viel Erfolg!

Ina-Maria Klups

Kleine Köstlichkeiten

mixtipp

Dazu passt Knuspertoast gut. Schneide die Rinde von getoasteten Weißbrotscheiben ab und schneide jede Scheibe quer in 2 dünne Scheiben. Schalte falls gegeben, den Grill vom Ofen ein und lege nach und nach die Scheiben mit der getoasteten Seite nach oben ein. Grille die Scheiben so lange, bis sich die Ränder nach oben biegen. Auskühlen lassen und bis zum Verzehr luftdicht verschließen.

Cremeaufstrich von der Rehwildleber

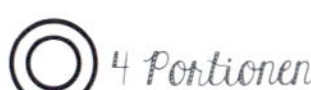

Zutaten

3 Schalotten, halbiert
2 Knoblauchzehen
300 g Rehleber, gehäutet, in Würfeln
20 g Olivenöl
3 EL Weinbrand
2 EL Petersilie, glatt, frisch, grob gehackt + ein paar Blätter zum Garnieren
1 EL Salbei, frisch
250 g Frischkäse, natur, Doppelrahmstufe
Salz, nach Belieben
Pfeffer, nach Belieben

1. Als Erstes schälst du Schalotten und Knoblauch und gibst die Schalotten zusammen mit dem Knoblauch halbiert in den Mixtopf. Zerkleinere die Zutaten 5 Sekunden/ Stufe 5. Schiebe die Stücke mit dem Spatel nach unten.

2. Enthäute die Leber, befreie sie gegebenenfalls von Kanälen und schneide sie in Würfel. Gib die Würfel mit dem Öl in den Mixtopf und gare die Zutaten ohne Messbecher 2 Minuten/ 100°C/ Stufe 1. Lass die Leber anschließend im Mixtopf abkühlen.

3. Als Nächstes gibst du zur abgekühlten Leber Weinbrand, Petersilie und Salbei in den Mixtopf und pürierst die Zutaten ohne Zeiteinstellung auf Stufe 1. Erhöhe dabei die Einstellung nach und nach auf Stufe 10. Schiebe zwischendurch die Masse immer wieder mit dem Spatel nach unten.

4. Füge nun den Frischkäse hinzu und rühre ihn ohne Zeiteinstellung auf Stufe 1 unter. Erhöhe dabei die Einstellung nach und nach auf Stufe 7. Schiebe die Masse mit dem Spatel nach unten und wiederhole die Einstellung. Würze die Mischung nach Belieben mit Salz und Pfeffer.

5. Bewahre den Aufstrich bis zum Verzehr im Kühlschrank auf. Der Aufstrich sollte beim Verzehr Zimmertemperatur erreicht haben, also hole ihn vor dem Servieren aus dem Kühlschrank und garniere ihn mit Petersilie.

mixtipp
Dieser Salat ist morgens auf leicht warmen Brötchen eine Delikatesse!

Fleischsalat vom Wildschweinherz

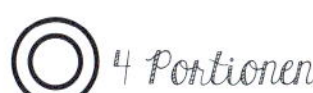

Zutaten

100 g Gürkchen, klein, eingelegt
50 g Gurkenwasser
100 g Mayonnaise
100 g Naturjoghurt
Zucker, nach Belieben
½ TL Salz
Pfeffer, nach Belieben
200 g Wildschweinherz (s. Rezept S. 66), gegart, in Würfeln

1. Zerkleinere als Erstes die Gurken im Mixtopf 3 Sekunden/ Stufe 6 und schiebe die Stücke mit dem Spatel nach unten.

2. Gib Gurkenwasser, Mayonnaise, Joghurt, Zucker, Salz und Pfeffer in den Mixtopf dazu und vermische die Zutaten 15 Sekunden/ Linkslauf/ Stufe 3.

3. Schneide das Herzfleisch in Würfel und verrühre diese mit den anderen Zutaten im Mixtopf 10 Sekunden/ Linkslauf/ Stufe 3. Schmecke den Fleischsalat zu guter Letzt nochmal mit Salz und Pfeffer ab.

Gebeizter Hirschkalbrücken mit Portweinzwiebeln

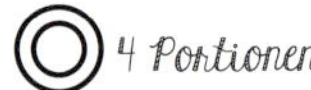

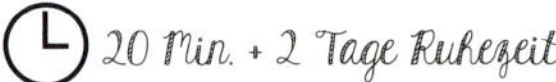

Zutaten

Utensilien:
große Schüssel,
Frischhaltefolie, Kochtopf

Für die Beize:
1 Streifen Schale
von 1 Bio-Limette
1 Streifen Schale
von 1 Bio-Orange
1 Stück Sternanis
50 g Zucker, braun
50 g Salz, grob
1 TL Pfeffer, grob
geschrotet
300 g Hirschkalbrücken,
alle Häute und Sehnen
entfernt

Für die Portweinzwiebeln:
1 Zwiebel, rot, in dünnen
Ringen oder gehobelt
3 EL Portwein, rot

1. Schneide für die Beize jeweils einen Streifen Schale von der Limette und der Orange dünn ab. Achte dabei darauf, dass du keine weiße Schale erwischst, da diese später einen bitteren Geschmack abgibt. Gib beide Zutaten in den Mixtopf und zerkleinere sie 5 Sekunden/ Stufe 6. Fülle die Mischung anschließend in ein Schälchen um.

2. Nun zerkleinere den Sternanis im Mixtopf 5 Sekunden/ Stufe 6 und fülle ihn zur Orangen-Limetten-Mischung in das Schälchen.

3. Stelle eine Schüssel auf den Mixtopfdeckel und wiege darin Zucker und Salz ab. Gib die Mischung, zusammen mit dem Pfeffer, ebenfalls zu der Gewürzmischung ins Schälchen.

4. Bestreue das Innere einer großen Schüssel mit etwas Gewürzmischung aus dem Schälchen und lege darauf das Fleisch. Verteile die restliche Gewürzmischung auf dem Fleisch, beschwere das Fleisch mit einem Teller und decke die Schüssel mit Frischhaltefolie ab. Stelle diese für 48 Stunden in den Kühlschrank. Nach 24 Stunden wendest du das Fleisch.

5. Schäle die Zwiebel und schneide sie in dünne Ringe oder hobele sie. Gib diese mit Portwein in einen Topf auf den Herd und lass sie darin aufkochen. Lass die Zwiebelringe anschließend im Sud erkalten, fülle sie danach in eine Schüssel um und lass sie über Nacht im Kühlschrank ziehen.

Für das Dressing:
100 g Nussöl
15 g Schalotten, halbiert
60 g Orangensaft, frisch gepresst
10 g Dijonsenf
1 TL Zucker
½ TL Salz
10 g Apfelessig

Sonstige Zutaten:
1 Orange, filetiert
Estragon, frisch, nach Belieben

6. Für das Dressing wiegst du das Nussöl im Messbecher auf dem Mixtopfdeckel ab. Schäle die Schalotten und gib sie halbiert zusammen mit Orangensaft, Senf, Zucker, Salz und Apfelessig in den Mixtopf. Vermische die Zutaten 20 Sekunden/Stufe 7. Danach verrührst du die Zutaten weitere 4 Minuten/Stufe 5 mit Messbecher und gibst das Öl auf den Mixtopfdeckel. Das Öl fließt so langsam in den Mixtopf und emulgiert mit den anderen Zutaten. Bewahre das Dressing bis zu seiner Verwendung im Kühlschrank auf.

7. Nimm das Fleisch aus der Beize, wasche es und tupfe es trocken. Bewahre das Fleisch bis zu seiner Verwendung im Kühlschrank auf. Vor dem Servieren schneidest du das Fleisch in dünne Scheiben und schälst die Orange. Filetiere die Orange und richte sie zusammen mit dem Fleisch, den Zwiebeln und dem Dressing abwechselnd auf Tellern an. Verfeinere das Ganze mit frischem Estragon.

mixtipp

Zum Anrichten kannst du auch Kugeln in verschiedenen Größen und aus unterschiedlichen Melonensorten verwenden oder auch fein gehobelten Fenchel.

mixtipp
Frisch geriebener Meerrettich passt super dazu!

Gebeiztes Rehfilet mit Erbsen-Pannacotta

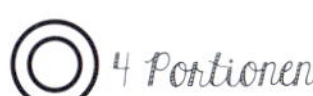

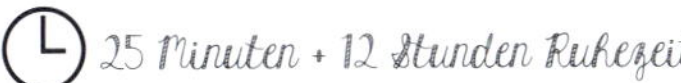

Zutaten

Utensilien:
Plastikschüssel,
4 kleine saubere Gläschen

Für das Rehfilet:
50 g Zucker, braun
50 g Salz, grob
1 TL Korianderkörner, grob gemahlen
1 TL Pfeffer, grob gemahlen
1 TL abgeriebene Schale von einer Bio-Limette
300 g Rehfilet, alle Häute und Sehnen entfernt

Für die Erbsen-Pannacotta:
3 Blatt Gelatine
1 Schalotte, halbiert
50 g Olivenöl
100 g feine Erbsen, TK
100 g Weißwein
200 g Sahne
Salz, nach Belieben
Pfeffer, nach Belieben
Erbsen, frisch, zum Garnieren

1. Am Vortag vermischst du Zucker, Salz, Koriander, Pfeffer und Limettenschale miteinander und reibst das Filet mit der Mischung ein. Lege das gewürzte Filet in eine Plastikschüssel und beschwere es mit einem Teller. Lass das Filet über Nacht im Kühlschrank beizen. Wende in der Zeit das Filet nach 6 Stunden.

2. Ebenso weichst du am Vortag die Gelatine in eiskaltem Wasser ein. Schäle und halbiere die Schalotte und zerkleinere sie im Mixtopf 5 Sekunden/ Stufe 5. Schiebe die Stücke mit dem Spatel nach unten. Füge Olivenöl hinzu und dünste die Stücke 3 Minuten/ Varoma/ Stufe 1 ohne Messbecher an.

3. Als Nächstes gibst du Tiefkühlerbsen und Wein in den Mixtopf und garst die Zutaten 6 Minuten/ 100°C/ Stufe 1 ohne Messbecher.

4. Füge danach Sahne hinzu und erwärme sie 5 Minuten/ 80°C/ Stufe 3. Danach pürierst du die Zutaten 30 Sekunden langsam ansteigend von Stufe 3 auf Stufe 10. Gib dann die ausgedrückten Gelatineblätter hinzu und löse sie 15 Sekunden/ Stufe 3 auf.

5. Fülle die Masse in kleine Gläschen und lass sie abkühlen. Wenn die Masse kalt ist, stellst du die Gläser in den Kühlschrank und lässt sie darin am besten auch über Nacht fest werden.

6. Am nächsten Tag nimmst du das Filet aus der Marinade (es bildet sich viel Feuchtigkeit), spülst es mit kaltem Wasser ab und schneidest es in Scheiben. Serviere das Filet mit jeweils einem Gläschen Erbsen-Pannacotta. Garniere die Pannacotta nach Belieben mit frischen Erbsen.

mixtipp
Frittierte Kapern oder gebeiztes Fleisch (s. Rezept S. 20) passen auch sehr gut zu der Kartoffel-Safran-Creme.

Kartoffel-Safran-Creme mit gekochtem Herz

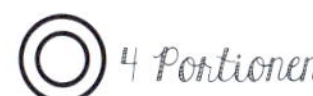
4 Portionen

leicht

35 Minuten

Zutaten

200 g Kartoffeln, mehligkochend, geschält, in Würfeln
1 Knoblauchzehe
1 Lorbeerblatt
750 g Wasser
5 g Salz + nach Belieben
2 EL Zitronensaft
0,1 g Safranfäden
100 g Mayonnaise
100 g Joghurt
1 Prise Chili, aus der Mühle
1 TL Senf
Pfeffer, nach Belieben
400 g Wildschweinherz, gegart (s. Rezept S. 66)
Baguettescheiben zum Servieren
Petersilie, glatt, frisch, zum Garnieren

1. Schäle zuerst die Kartoffeln, schneide sie in Würfel und gib sie ins Garkörbchen. Auch den Knoblauch schälst du und gibst ihn zusammen mit dem Lorbeerblatt in das Garkörbchen.

2. Gieße Wasser und Salz in den Mixtopf, setze das Garkörbchen ein und koche die Zutaten 30 Minuten/ 100°C/ Stufe 1. Danach entfernst du vorsichtig das Garkörbchen mithilfe des Spatels und gießt das Garwasser ab.

3. Erwärme nun Zitronensaft und Safran im Mixtopf 1 Minute/ 60°C/ Stufe 1. Füge Kartoffeln, Knoblauch, Mayonnaise, Joghurt, Chili und Senf in den Mixtopf hinzu und verrühre die Zutaten 15 Sekunden/ Stufe 4. Schiebe anschließend die Creme mit dem Spatel nach unten, würze sie nach Belieben mit Salz und Pfeffer und wiederhole den Vorgang. Bewahre die Kartoffel-Safran-Creme bis zu ihrer Verwendung im Kühlschrank auf.

4. Gare das Herz, wie auf S. 66 beschrieben, und schneide es anschließend in Scheiben. Bestreiche die Baguettescheiben jeweils mit Kartoffel-Safran-Creme und setze ein paar Scheiben vom Herzbraten darauf. Garniere die Baguettescheiben mit frischer Petersilie.

Cerbiatto Tonnato

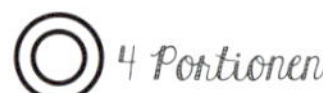

Zutaten

Für das Fleisch:
1 Möhre, geschält, in groben Stücken
¼ Stück Sellerie, in groben Stücken
½ Porreestange, in Ringen
1 TL Pfeffer
Salz, nach Belieben
500 g Weißwein, trocken
500 g Filet vom Rotwildkalb
Rapsöl zum Braten
Petersilie, glatt, frisch, klein geschnitten, zum Garnieren

Für die Sauce:
150 g Mayonnaise
3 Sardellen
1 Dose Thunfisch, ca. 70 g
3 Gurken, klein
5 Kapernäpfel + einige zum Dekorieren
30 g Weißweinsud
Salz, nach Belieben
Pfeffer, weiß, nach Belieben

1. Schäle Möhre und Sellerie, schneide beides in grobe Stücke und gib diese in eine Schüssel. Befreie den Porree von den Wurzelansätzen, schneide ihn in Ringe und gib diese zusammen mit Pfeffer, Salz und Weißwein in die Schüssel dazu. Lege das Filet zu der Mischung in die Schüssel und lass es darin abgedeckt über Nacht im Kühlschrank ziehen.

2. Am nächsten Tag nimmst du das Fleisch aus der Marinade und tupfst es mit Küchenpapier gut trocken. Den Sud gibst du in den Mixtopf und erhitzt ihn 20 Minuten/ 100°C/ Stufe 1. Fülle den Sud anschließend in eine Schüssel um und lass ihn erkalten. Bewahre den Sud bis zu seiner weiteren Verwendung am nächsten Tag im Kühlschrank auf. Heize den Backofen auf 80°C Ober-/Unterhitze vor.

3. Würze das Fleisch mit etwas Salz und brate es in einer Pfanne, mit etwas Öl, von beiden Seiten rundherum goldbraun. Anschließend legst du das Filet auf einen Rost und backst es im vorgeheizten Backofen 30 Minuten/ 80°C Ober-/Unterhitze. Danach nimmst du das Filet aus dem Backofen und lässt es abkühlen. Wickele das abgekühlte Filet anschließend in Frischhaltefolie und lege es über Nacht in die Tiefkühltruhe.

4. Für die Sauce verrührst du Mayonnaise, Sardellen, Thunfisch, Gurken, Kapernäpfel und Weißweinsud im Mixtopf 25 Sekunden/ Stufe 7. Würze die Sauce mit Salz und Pfeffer. Falls die Sauce zu dick ist, verdünne sie mit etwas von dem Weißweinsud.

5. Eine Stunde vor dem Servieren nimmst du das Filet aus der Tiefkühltruhe und schneidest es in dünne Scheiben. Lass die Scheiben bis zum Anrichten im Kühlschrank stehen und richte sie zum Servieren mit der Sauce, jeweils einem Kapernapfel und etwas klein geschnittener Petersilie an.

mixtipp
Wenn vom „Sonntagsbraten“
etwas übrig bleibt, kannst du das
Fleisch wunderbar für eine Sülze
verwenden. Wenn du die Sülze
etwas säuerlicher magst, runde
sie mit etwas Essig ab.

Sülze vom Rotwild

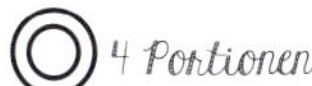 4 Portionen  leicht 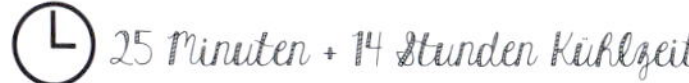 25 Minuten + 14 Stunden Kühlzeit

Zutaten

Utensilien:
Kastenform 27 x 13 cm,
Frischhaltefolie

6 Blatt Gelatine, aufgeweicht
200 g Suppengrün, geputzt, geschält, in groben Würfeln
500 g Wildfond
50 g Sherry, trocken
Salz, nach Belieben
1 Prise Zucker
Muskatnuss, gemahlen, nach Belieben
ca. 350 g Rotwildfleisch, gegart, in hauchdünnen Scheiben (Bratenreste oder Sous-vide gegartes Fleisch)

1. Weiche die Gelatineblätter in kaltem Wasser ca. 5 Minuten ein.

2. Putze und schäle das Suppengemüse und gib es in groben Würfeln in den Mixtopf. Zerkleinere das Gemüse 3 Sekunden/ Stufe 6 und fülle es in eine separate Schüssel um.

3. Fülle den Wildfond in den Mixtopf und erhitze ihn 15 Minuten/ 100°C/ Stufe 1 ohne Messbecher. Gib dann das Suppengemüse in den Mixtopf hinzu und koche es in dem Fond 2 Minuten/ 100°C/ Stufe 1.

4. Schmecke anschließend die Brühe mit Sherry, Salz, Zucker und Muskatnuss kräftig ab. Du kannst die Brühe ruhig überwürzen, denn beim Erkalten verliert die Sülze etwas Würze und könnte dann fade schmecken.

5. Als Nächstes drückst du die Gelatine gut aus und gibst sie in den Mixtopf. Lass die Gelatine in der Brühe 5 Sekunden/ Stufe 1 auflösen. Kleide eine Kastenform oder eine andere Form deiner Wahl mit Frischhaltefolie aus und belege sie mit dem Fleisch. Fülle die Brühe gleichmäßig in die Form und lass sie erkalten. Stelle die Sülze nach dem Erkalten für 12 Stunden oder am besten über Nacht im Kühlschrank kalt. Zu der Sülze passt hervorragend ein Feldsalat mit Croûtons und eine Meerrettichmousse.

Terrine von der Rotwildleber

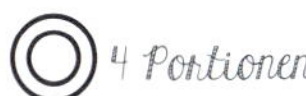
4 Portionen

mittel

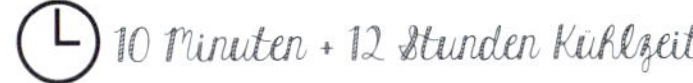
10 Minuten + 12 Stunden Kühlzeit

Zutaten

Utensilien:
Pfanne, Terrinenform (ca. 30 x 6 x 6 cm), Frischhaltefolie

250 g Rotwildleber, in kleinen Würfeln
1 Schalotte, in Würfeln
1 EL Butterschmalz
40 g Portwein, rot
100 g Sahne
200 g Butter, weich, in Würfeln
Salz, nach Belieben
Pfeffer, weiß, nach Belieben

1. Enthäute die Leber, entferne alle Kanälchen und schneide sie in kleine Würfel. Schäle die Schalotte und schneide sie in Würfel. Erhitze in einer Pfanne das Butterschmalz und brate darin die Leber- und die Schalottenwürfel goldbraun an. Lösche die Mischung mit Portwein ab und lass sie bis zur Hälfte einkochen.

2. Fülle anschließend die Leber mit dem Sud und der Sahne in den Mixtopf und zerkleinere sie 30 Sekunden/ Stufe 10. Schiebe die Reste mit dem Spatel nach unten und wiederhole die Einstellung 30 Sekunden/ Stufe 10.

3. Als Nächstes gibst du die Butter in Würfeln ohne Zeiteinstellung auf Stufe 6 nach und nach durch die Deckelöffnung hinzu. Würze die Masse mit Salz und Pfeffer.

4. Lege die Terrinenform mit Frischhaltefolie aus und verteile die Lebermasse gleichmäßig darin. Lass die Masse abkühlen und stelle die Form 12 Stunden oder am besten über Nacht im Kühlschrank kalt.

mixtipp

Serviere dazu ein gutes Landbrot oder Roggenbaguette.

Wildgansaufstrich

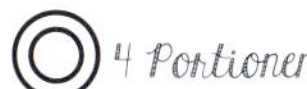
4 Portionen

leicht

1 Stunde 20 Minuten

Zutaten

Utensilien:
Twist-off-Glas, sterilisiert

300 g Wildgansfleisch, in Würfeln, alternativ Enten- oder Taubenfleisch
neutrales Öl zum Braten
20 g Worcestersauce
2 Knoblauchzehen
2 TL Pfefferkörner, grün, eingelegt
1 TL Salz
1 TL Pfeffer, schwarz
100 g Gänsefett
50 g Schweineschmalz
30 g Cognac

1. Schneide das Fleisch in Würfel und erhitze etwas Öl in einer Pfanne. Brate darin die Fleischwürfel gleichmäßig von allen Seiten an. Gib die Worcestersauce hinzu und lass die Sauce 2 Minuten durchziehen und stelle das Fleisch beiseite.

2. Schäle den Knoblauch und zerkleinere diesen mit grünem Pfeffer im Mixtopf 6 Sekunden/ Stufe 7. Schiebe die Stücke mit dem Spatel nach unten und gib Wildgansfleisch, Salz, Pfeffer, Gänsefett und Schweineschmalz in den Mixtopf. Gare die Zutaten 70 Minuten/ 80°C/ Stufe 1 ohne Messbecher.

3. Lösche die Mischung anschließend mit Cognac ab und gare die Zutaten weitere 5 Minuten/ 80°C/ Stufe 1 ohne Messbecher.

4. Zum Abschluss zerkleinerst du die Mischung 10 Sekunden/ Stufe 7 und schmeckst den Aufstrich nochmal mit Salz und Pfeffer ab. Fülle den Aufstrich in ein sterilisiertes Glas und lass ihn darin auskühlen. Bewahre ihn anschließend im Kühlschrank auf und hole ihn eine Stunde vor dem Servieren raus, damit er Zimmertemperatur annimmt.

mixtipp

Bestäube die Mousse vor dem Servieren mit Kakaopulver. Kugeln aus verschiedenen Melonensorten eignen sich auch hier gut als Beilage.

Wildlebermousse

Zutaten

Utensilien:
Frischhaltefolie,
Terrinenform

30 g Steinpilze, getrocknet
10 g Olivenöl
75 g Butter
300 g Wildleber, ohne Haut, in kleinen Würfeln
2 Knoblauchzehen
50 g Sahne
2 TL Thymian, frisch, abgezupft
2 EL Portwein, rot
1 EL Whisky
Salz, nach Belieben
Pfeffer, nach Belieben

1. Als Erstes legst du die Steinpilze in eine Schüssel mit heißem Wasser und lässt sie darin ca. 20 Minuten einweichen. Sobald sie weich sind, drückst du sie gut aus und zerkleinerst sie im Mixtopf 5 Sekunden/ Stufe 7. Bewahre das Einweichwasser auf. Gib Öl und 10 g Butter in den Mixtopf und dünste die Stücke 2 Minuten/ Varoma/ Stufe 1 ohne Messbecher.

2. Entferne die Haut von der Leber, befreie sie gegebenenfalls von Kanälen, schneide sie in kleine Würfel und gib sie in den Mixtopf dazu. Koche nun die Mischung 15 Minuten/ 80°C/ Stufe 2 ohne Messbecher und lass sie anschließend in einer separaten Schüssel auskühlen.

3. Schäle den Knoblauch und gib diesen zusammen mit Sahne, Thymian, restlichen 65 g Butter, Portwein, Whisky, Leber-Pilz-Mischung und Einweichwasser in den Mixtopf und püriere die Zutaten ohne Zeiteinstellung auf Stufe 5. Erhöhe dabei die Einstellung nach und nach auf Stufe 10. Schiebe danach das Püree mit dem Spatel nach unten und wiederhole die Einstellung. Schmecke die Masse würzig mit Salz und Pfeffer ab.

4. Spüle eine Terrinenform mit kaltem Wasser ab und lege sie mit Frischhaltefolie aus. Verteile die Lebermasse gleichmäßig in die Form und lass sie darin 12 Stunden oder am besten über Nacht im Kühlschrank fest werden.

Eingepacktes vom Wild

Ravioli mit Wildfüllung vom Reh

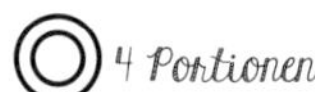

Zutaten

Utensilien:
Frischhaltefolie, Nudelrolle oder Nudelmaschine, Ravioli-Ausstecher, Kochtopf

Für den Teig:
100 g Petersilie, glatt, frisch
350 g Mehl, Type 405 + etwas für die Arbeitsfläche
20 g Olivenöl
2 Eier, Größe M
2 TL Salz
1 EL Mineralwasser

1. Für den Teig wäschst du zuerst die Petersilie, tupfst sie trocken, schneidest die groben Stiele ab und zerkleinerst sie im Mixtopf 5 Sekunden/ Stufe 8. Schiebe die Stücke mit dem Spatel nach unten und gib das Mehl hinzu. Verrühre die Zutaten 10 Sekunden/ Stufe 8. Danach gibst du Öl, Eier, Salz und Mineralwasser dazu und verrührst die Zutaten 3 Minuten/ Teigknetstufe zu einem geschmeidigen Teig.

2. Stürze den Teig auf eine mit Mehl bestäubte Arbeitsfläche und knete ihn mit den Händen etwas nach, so kannst du prüfen, ob er die richtige Konsistenz hat. Falls er zu trocken ist, knete noch etwas Mineralwasser unter. Ist er zu feucht, knete noch etwas Mehl ein. Packe den Teig anschließend in Frischhaltefolie ein und lege ihn zum Ruhen 30 Minuten in den Kühlschrank.

3. In der Zwischenzeit schälst du Zwiebeln und Möhren und befreist den Porree von den Wurzelansätzen. Halbiere die Zwiebeln und gib sie in den Mixtopf. Die Möhren schneidest du in grobe Würfel und den Porree in Ringe. Gib beide Zutaten in den Mixtopf dazu und zerkleinere die Zutaten 4 Sekunden/ Stufe 6. Fülle die Gemüsemischung anschließend in eine Schüssel um.

4. Schneide das Rehfleisch in kleine Würfel und zerkleinere dieses im Mixtopf 7 Sekunden/ Stufe 6. Gib das Fleisch zu dem Gemüse in die Schüssel, würze die Mischung mit Salz, Pfeffer und Orangenabrieb und vermenge alles gut miteinander.

mixtipp

Streue etwas frisch geriebenen Parmesan darüber.

mixtipp

Eine Zwiebel-Speck-Butter-Mischung oder eine Tomatensauce passen sehr gut dazu.

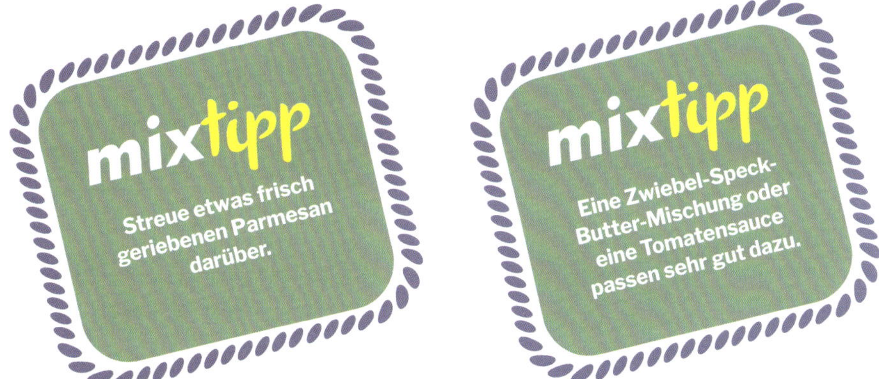

Für die Füllung:
100 g Zwiebeln, halbiert
100 g Möhren, geschält, in groben Würfeln
100 g Porree, geputzt, in Ringen
300 g Rehfleisch aus der Keule, von allen Sehnen befreit, in kleinen Würfeln
1 TL Salz
1 TL Pfeffer
1 TL Abrieb von einer Bio-Orange

5. Als Nächstes nimmst du den Teig aus der Kühlung und rollst ihn aus. Du kannst ihn mit der Nudelrolle oder, was praktischer ist, mit der Nudelmaschine bis auf Stufe 4 ausrollen. Lege die Teigplatten nebeneinander und belege jeweils eine Platte an einer Seite mit der Füllung. Achte dabei darauf, dass du Abstand zu den Rändern lässt. Pinsele um die Füllung etwas Wasser, damit die Ravioli gut kleben. Die zweite Teigplatte legst du darüber und drückst sie um die Füllung herum etwas an. Nun stanzt du die Ravioli mit einem Ravioli-Ausstecher aus und legst diese auf ein mit Mehl bestäubtes Backblech. Wiederhole diesen Arbeitsschritt, bis der ganze Teig und die Füllung aufgebraucht sind.

6. Koche in einem großen Kochtopf reichlich Salzwasser auf und lass es leicht sieden. Lege die Ravioli hinein und lass sie 5 Minuten darin ziehen.

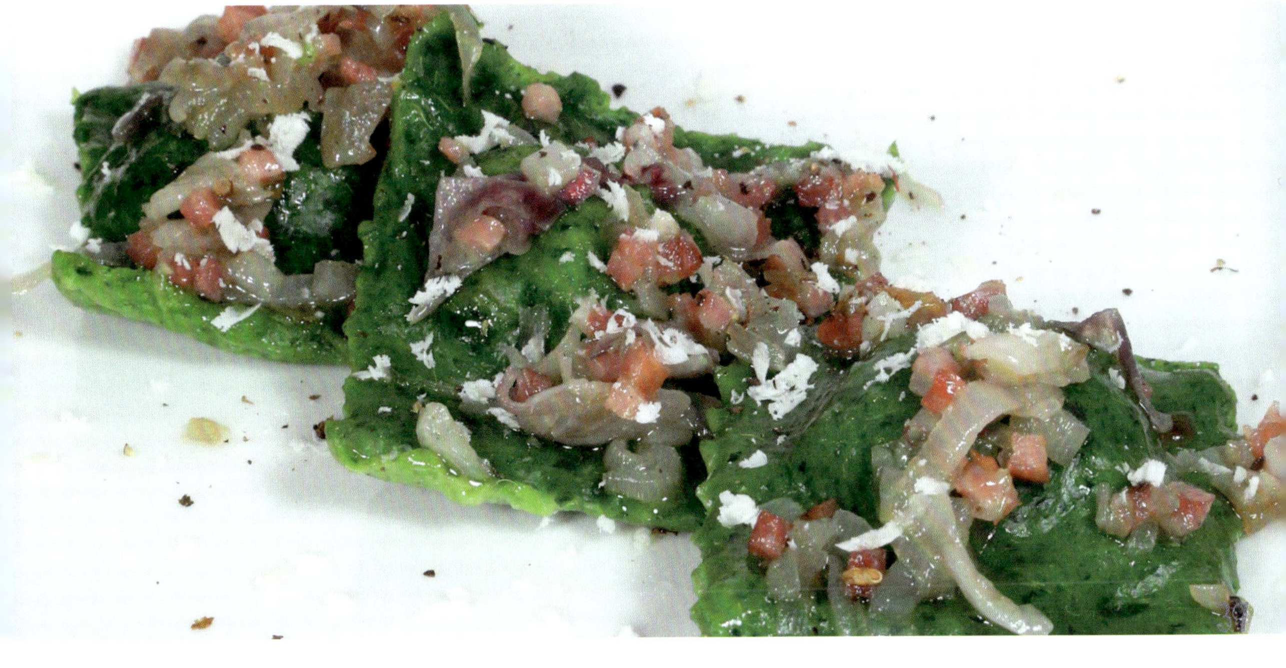

mixtipp
Ein Dip mit Joghurt,
Knoblauch und Minze
schmeckt auch sehr gut
dazu.

Teigtaschen mit Gamsfleisch und Dip

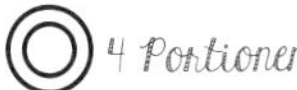 4 Portionen  mittel 1 Stunde + 1 Stunde 30 Minuten Ruhezeit + 20 Minuten Backzeit

Zutaten

Utensilien:
Backpapier und -blech, Holzstäbchen

Für den Hefeteig:
½ Würfel Frischhefe
190 g Wasser, lauwarm
450 g Mehl, Type 405 + für die Arbeitsfläche
1 TL Salz
1 Ei, Größe M
1 Eigelb, Größe M
10 g Olivenöl

1. Für den Teig bröselst du die Hefe in den Mixtopf und löst sie darin mit dem Wasser 2 Minuten/ 37°C/ Stufe 2 auf. Vermische das Mehl mit dem Salz und gib die Mischung zusammen mit Ei, Eigelb und Öl in den Mixtopf hinzu. Verrühre die Zutaten 3 Minuten/ Teigknetstufe ohne Messbecher und fülle den Teig anschließend in eine Schüssel um. Lass den Teig mit einem Küchentuch abgedeckt, an einem warmen Ort, eine Stunde ruhen. Der Teig sollte sein Volumen verdoppeln. Alternativ kannst du den Teig auch am Vortag zubereiten und über Nacht im Kühlschrank gehen lassen. So wird er sogar noch luftiger.

2. In der Zwischenzeit reinigst du den Mixtopf gründlich und bereitest die Füllung vor.

3. Dafür schälst du Zwiebeln, Sellerie und Möhren, befreist den Lauch von den Wurzelansätzen und den Weißkohl vom Strunkansatz. Halbiere die Zwiebeln und gib sie zusammen mit in groben Würfeln geschnittenen Möhren, Sellerie und Weißkohl in den Mixtopf. Gib den Lauch in Ringen ebenfalls dazu und zerkleinere die Zutaten 5 Sekunden/ Stufe 7. Schiebe die Stücke mit dem Spatel nach unten und füge Öl und Gamswildfleisch, in kleinen Würfeln geschnitten, hinzu. Gare nun die Zutaten 5 Minuten/ 100°C/ Stufe 1 ohne Messbecher.

Für die Füllung:
50 g Zwiebeln, halbiert
50 g Sellerie, geschält, in groben Würfeln
50 g Möhren, geschält, in groben Würfeln
50 g Lauch, geputzt, in Ringen
100 g Weißkohl, geputzt, in groben Würfeln
10 g neutrales Öl
250 g Gamswild, aus der Keule, in kleinen Würfeln, alternativ Rotwildfleisch
100 g Wildfond
Salz, nach Belieben
Pfeffer, nach Belieben
Paprikapulver, mild, nach Belieben
2 Eigelb, Größe M
1 EL Milch

Für den Dip:
40 g Schalotten, halbiert
2 Knoblauchzehen
40 g Kräuter, frisch, z.B. Petersilie ohne Stiele, Kresse, Kerbel, Dill oder Schnittlauch
100 g Paprika, rot, entkernt,
in groben Stücken
400 g Saure Sahne
Salz, nach Belieben
Pfeffer, nach Belieben
Chili, nach Belieben

4. Als Nächstes gibst du Wildfond dazu und kochst die Füllung weitere 15 Minuten/ 100°C/ Stufe 1 ohne Messbecher. Die Flüssigkeit sollte danach vollständig verdampft sein. Falls dies nicht der Fall sein sollte, verlängerst du die Garzeit um ein paar Minuten. Fülle die Füllung in eine separate Schüssel, würze sie mit Salz, Pfeffer und Paprikapulver und lass sie abkühlen. Reinige den Mixtopf gründlich.

5. Schäle für den Dip Schalotten und Knoblauch und gib beide Zutaten halbiert in den Mixtopf. Wasche die Kräuter, tupfe sie trocken und gib sie in den Mixtopf dazu. Die Paprika wäschst du, entkernst sie und gibst sie in groben Stücken in den Mixtopf dazu. Zerkleinere die Zutaten 5 Sekunden/ Stufe 7 und schiebe die Stücke mit dem Spatel nach unten. Falls du die Kräuter noch feiner zerkleinert magst, wiederholst du den Vorgang. Nun fügst du auch Saure Sahne hinzu und verrührst den Dip 30 Sekunden/ Stufe 2. Würze den Dip mit Salz, Pfeffer und Chili und stelle ihn bis zum Servieren im Kühlschrank kalt.

6. Rühre ein Eigelb unter die abgekühlte Füllung und verrühre das zweite Eigelb in einem Schälchen mit der Milch.

7. Rolle den Teig auf einer mit Mehl bestäubten Arbeitsfläche ca. 4 mm dick aus und steche daraus Kreise von 10 cm Durchmesser aus. Verteile die Füllung jeweils mittig auf die Kreise und lass dabei die Ränder frei. Bestreiche die Ränder mit der Ei-Milch-Mischung und schlage den Teig jeweils zur Hälfte über die Füllung. Drücke die Ränder zuerst mit den Fingern und dann mit der Gabel an. Lege die Teigtaschen auf ein mit Backpapier ausgelegtes Backblech und decke diese mit einem Küchentuch ab. Lass die Teigtaschen 30 Minuten an einem warmen Ort ruhen.

8. Heize den Backofen auf 180°C Ober-/Unterhitze vor.

9. Mit der restlichen Eigelb-Milchmischung bepinselst du die Teigtaschen und stichst mit einem Holzstäbchen kleine Löcher in die Teigtaschen, so kann der Teig gut aufgehen. Backe die Teigtaschen im vorgeheizten Backofen 20 Minuten/ 180°C Ober-/Unterhitze goldbraun.

Maultaschen mit Gamswild

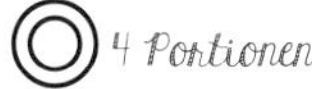
4 Portionen

schwer

30 Minuten

Zutaten

Utensilien:
Frischhaltefolie, Trockentuch, Kochlöffel

Für den Teig:
200 g Mehl, Type 405 + für die Arbeitsfläche
30 g Hartweizengrieß
2 Eier, Größe M
1 TL Salz

1. Verrühre als Erstes für den Teig Mehl, Hartweizengrieß, Eier und Salz im Mixtopf 1 Minute/ Teigknetstufe. Schiebe die Reste mit dem Spatel nach unten und wiederhole die Einstellung. Wickele den Teig in Frischhaltefolie ein und lege ihn in den Kühlschrank.

2. Schäle nun die Zwiebeln, halbiere sie und zerkleinere sie im Mixtopf 5 Sekunden/ Stufe 5. Schiebe die Stücke mit dem Spatel nach unten und gib Öl und Zucker hinzu. Dünste die Zwiebeln 5 Minuten/ 100°C/ Stufe 1 und fülle sie zum Erkalten anschließend in eine Schüssel um.

3. Wasche die Petersilie, tupfe sie trocken und zerkleinere sie im Mixtopf 3 Sekunden/ Stufe 6. Fülle die Petersilie zu den Zwiebeln in die Schüssel.

4. Gib die Brötchen in Vierteln in den Mixtopf und zerkleinere sie 5 Sekunden/ Stufe 7. Gieße die Sahne ein und erhitze sie 2 Minuten/ 80°C/ Stufe 1. Gib die Brötchen-Sahne-Mischung anschließend auch zu Zwiebeln und Petersilie in die Schüssel dazu. Schmecke die Mischung in der Schüssel kräftig mit Salz, Pfeffer, Muskatnuss und Majoran ab.

5. Nun zerkleinerst du das angefrorene Gamsfleisch im Mixtopf 30 Sekunden/ Stufe 8 und schiebst die Stücke mit dem Spatel nach unten. Gib Wurstbrät, Eier und Paniermehl hinzu und verrühre die Zutaten 10 Sekunden/ Linkslauf/ Stufe 3.

mixtipp
In Butter gebratene Zwiebeln passen hervorragend dazu.

Für die Füllung:
400 g Zwiebeln, halbiert
10 g Rapsöl
2 TL Zucker
1 Bund Petersilie, glatt, frisch
2 Brötchen, altbacken, in Vierteln
100 g Sahne
Salz, nach Belieben
Pfeffer, nach Belieben
Muskatnuss, gemahlen, nach Belieben
Majoran, nach Belieben
300 g Gamswildfleisch, angefroren, in kleinen Würfeln, alternativ Hirschfleisch
200 g Wurstbrät, fein
3 Eier, Größe M
3 EL Paniermehl

6. Fülle die Petersilien-Zwiebel-Brötchen-Mischung in den Mixtopf und verrühre alle Zutaten 10 Sekunden/ Linkslauf/ Stufe 3. Schiebe die Reste mit dem Spatel nach unten und wiederhole den Vorgang, bis eine homogene Wurstmasse entsteht.

7. Als Nächstes erhitzt du reichlich Salzwasser in einem Kochtopf bis es siedet. In der Zwischenzeit teilst du den Teig in zwei Teile und rollst diese auf einer mit Mehl bestäubten Arbeitsfläche sehr dünn aus. Lege die Teigplatten auf ein Trockentuch. Der Teig sollte so dünn sein, dass das Muster des Tuches gut erkennbar ist. Streiche die Wurstmasse auf die zwei Teile und lass dabei die Ränder frei. Rolle mithilfe des Trockentuches die Masse ein und drücke mit dem Stiel eines Kochlöffels die Rolle in der gewünschten Größe ein. Teile anschließend die Stücke mit einem Messer.

8. Gare die Teigtaschen 10 Minuten im siedenden Salzwasser. Wenn die Teigtaschen oben schwimmen, sind sie fertig.

mixtipp
Verwende für
dieses Rezept die
Messerabdeckung „Welle“.
Sie ist ein neues Zubehör
und verwendbar für den
TM5® und TM6®.

Wildschwein-Sushi mit Miso-Mayonnaise

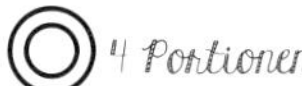

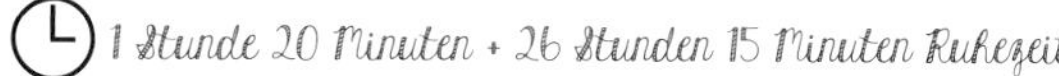

Zutaten

Utensilien:
Schüssel, Kerntemperaturmessgerät, flache Auflaufform, Speisering

Für den Frischlingsrücken im Asiasud:
1 TL Pfefferkörner, schwarz
200 g indonesische Sojasauce, süß
100 g Sojasauce
30 g japanischer Reisessig
50 g Zucker, braun
½ Zimtstange
1 TL Fünf-Gewürze-Pulver, chinesisch, z.B. von Spice World
500 g Wasser
400 g Frischlingsrücken, ohne Häute

1. Da das Fleisch lange durchziehen muss, bereitest du den Frischlingsrücken am Vortag vor. Dafür zerkleinerst du Pfeffer im Mixtopf 10 Sekunden/ Stufe 10 und gibst Sojasaucen, Reisessig, Zucker, Zimtstange, Fünf-Gewürze-Pulver und Wasser in den Mixtopf dazu. Koche die Zutaten 20 Minuten/ 100°C/ Stufe 2, der Zucker sollte sich nach der Kochzeit aufgelöst haben. Den Sud in eine Schüssel umfüllen und abkühlen lassen.

2. Lege den Frischlingsrücken in den Sud und lass ihn abgedeckt über Nacht im Kühlschrank ziehen. Der Sud sollte das Fleisch komplett bedecken.

3. Am nächsten Tag setzt du, wenn vorhanden, die Messerabdeckung „Welle“ in den Mixtopf ein und gibst das Fleisch samt Sud in den Mixtopf. Das Fleisch muss komplett mit dem Sud bedeckt sein, also gib gegebenenfalls noch etwas Wasser hinzu. Erhitze das Fleisch 40 Minuten/ 65°C/ Linkslauf/ Sanftrührstufe ohne Messbecher. Wende dabei das Fleisch ca. alle 5 Minuten.

4. Anschließend nimmst du das Fleisch aus dem Sud und misst die Kerntemperatur. Sie sollte jetzt bei ca. 62°C liegen. Lass das Fleisch anschließend auf einem Küchentuch abtropfen und schneide die Stücke nach kurzer Ruhezeit an.

Für die Miso-Mayonnaise:
2 Eigelb (Zimmertemperatur), Größe M
½ TL Pfeffer
1 TL Salz
1 TL Yuzusaft, erhältlich z.B. im Asialaden
30 g Misopaste, hell
125 g Sojaöl
½ TL Zitronenschale, gerieben

Für den Sushi-Reis:
180 g Sushi-Reis, gewaschen
220 g Wasser
1 EL Zucker
2 EL Sushi-Reisessig
1 TL Mirin (japanischer Reiswein, süß)
½ TL Salz

5. Reinige den Mixtopf und entferne die Abdeckung. Für die Miso-Mayonnaise verrührst du Eigelb, Pfeffer, Salz, Yuzusaft und Misopaste im Mixtopf 25 Sekunden/ Stufe 5. Anschließend lässt du die Zutaten 2 Minuten/ Stufe 4, mit Messbecher, weiterrühren und gießt das Öl auf den Mixtopfdeckel. Das Öl läuft so langsam in den Mixtopf und emulgiert mit den anderen Zutaten. Zum Schluss rührst du die Zitronenschale 30 Sekunden/ Stufe 3 unter und füllst die Mayonnaise in eine Schüssel um. Stelle diese bis zu ihrer Verwendung im Kühlschrank kalt. Reinige den Mixtopf.

6. Wasche den Reis unter fließend kaltem Wasser so lange, bis nur noch klares Wasser abtropft und fülle ihn mit dem Wasser in den Mixtopf. Koche den Reis nun 5 Minuten/ 90°C/ Linkslauf/ Stufe 1. Löse dann mit dem Spatel den Reis vom Rand und koche ihn erneut 4 Minuten/ 90°C/ Linkslauf/ Stufe 1. Nach dem Kochen füllst du den Klebreis in eine flache Auflaufform und lässt ihn etwas abkühlen. In der Zwischenzeit reinigst du den Mixtopf und erhitzt darin Zucker, Reisessig, Mirin und Salz 1½ Minuten/ 100°C/ Stufe 2. Danach verteilst du die Flüssigkeit über den abgekühlten Reis und knetest sie mit der Hand leicht unter. Lass den Reis ca. 15 Minuten ziehen, bevor du ihn verwendest.

7. Benutze für den Reis zum Anrichten einen Speisering. Lege auf den Reis das Fleisch und serviere dazu die Miso-Mayonnaise.

Wildschweinrouladen mal anders gefüllt

4 Portionen

mittel

1 Stunde 30 Minuten

Zutaten

Utensilien:
4 Zahnstocher

3 Zwiebeln, halbiert
4 Rosmarinzweige, Nadeln abgezupft
50 g Backpflaumen
4 Wildschweinrouladen, aus der Keule
Salz, nach Belieben
Pfeffer, nach Belieben
4 Südtiroler Speckscheiben, dünn (mild geräucherter Rohschinken)
40 g Rapsöl
1 Bund Suppengrün, geschält
1 EL Tomatenmark
1 TL Zucker
100 g Rotwein
100 g Portwein, rot
2 frische Lorbeerblätter
400 g Wasser
2 Möhren, geschält, in Stücken

1. Schäle die Zwiebeln und gib zwei Zwiebeln halbiert zusammen mit Rosmarinnadeln und Backpflaumen in den Mixtopf. Zerkleinere die Zutaten 3 Sekunden/ Stufe 7.

2. Lege das Rouladenfleisch nebeneinander, würze dieses mit Salz und Pfeffer und belege die Scheiben jeweils mit 1 Scheibe Südtiroler Speck. Bestreiche die Rouladen mit der Zwiebel-Rosmarin-Pflaumen-Mischung und klappe die Seiten um. Rolle die Rouladen von der breiten Seite auf und fixiere sie mit einem Zahnstocher. Würze noch einmal die Rouladen rundherum mit Salz.

3. Nun erhitzt du 20 g Rapsöl in einer Pfanne und brätst darin die Rouladen rundherum goldbraun an.

4. In der Zwischenzeit schälst und putzt du das Suppengemüse und gibst es in groben Stücken in den Mixtopf. Halbiere die übrige Zwiebel, gib auch diese in den Mixtopf dazu und zerkleinere die Zutaten 3 Sekunden/ Stufe 6. Füge die übrigen 20 g Rapsöl, Tomatenmark und Zucker hinzu und schmore die Zutaten 15 Minuten/ Varoma/ Stufe 1 ohne Messbecher.

5. Nimm die gebratenen Rouladen aus der Pfanne und lösche den Bratensatz mit Rotwein ab. Lass den Wein etwas einkochen und gib diesen dann mit Portwein, Lorbeerblättern und Wasser in den Mixtopf. Lege die Wildschweinrouladen oben auf und koche die Zutaten 60 Minuten/ 100°C/ Linkslauf/ Sanftrührstufe ohne Messbecher. Setze eventuell das Garkörbchen als Spritzschutz auf den Mixtopfdeckel.

6. Nach der Kochzeit nimmst du die Rouladen vorsichtig aus dem Mixtopf und hältst sie warm. Püriere nun die Sauce ohne Zeiteinstellung auf Stufe 6 und erhöhe dabei die Einstellung nach und nach auf Stufe 10.

7. Schäle die Möhren, schneide sie klein und gib sie zu der Sauce in den Mixtopf. Koche die Sauce weitere 5 Minuten/ 100°C / Stufe 1 ohne Messbecher. Fülle die Rouladen wieder in den Mixtopf. Erwärme sie weitere 2 Minuten/ 100°C/ Linkslauf/ Sanftrührstufe ohne Messbecher.

mixtipp
Serviere dazu Couscous als Beilage. Dafür kochst du Couscous mit der doppelten Menge Wasser (oder Brühe) auf und lässt ihn 10 Minuten ausquellen.

Rehschnitzel Saltimbocca mit schneller Tomatensauce

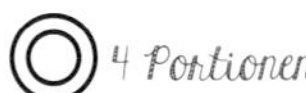

Zutaten

Für die schnelle Tomatensauce:
2 Zwiebeln, halbiert
2 Knoblauchzehen, halbiert
50 g Tomaten, getrocknet, in Öl eingelegt
20 g Olivenöl
850 g Tomaten, aus der Dose
20 g Zartbitterschokolade
Chili, nach Belieben
1 Prise Lebkuchengewürz, nach Belieben
1 TL Tomatenflocken
Salz, nach Belieben
Pfeffer, nach Belieben

Für das Fleisch:
6 dünne Rehschnitzel, aus der Keule
6 Salbeiblätter
6 Scheiben Parmaschinken
Salz, nach Belieben
Pfeffer, nach Belieben
Mehl zum Bestäuben
Olivenöl zum Braten

1. Als Erstes schälst du für die Sauce Zwiebeln und Knoblauch und gibst beide Zutaten halbiert, zusammen mit getrockneten Tomaten in den Mixtopf. Zerkleinere die Zutaten 5 Sekunden/ Stufe 6 und schiebe die Stücke mit dem Spatel nach unten.

2. Füge das Öl hinzu und dünste die Zutaten 2 Minuten/ Varoma/ Stufe 1 ohne Messbecher.

3. Gib danach Tomaten aus der Dose, Schokolade, Chili, Lebkuchengewürz, Tomatenflocken, Salz und Pfeffer hinzu und koche die Sauce 15 Minuten/ 100°C/ Stufe 1. Püriere anschließend die Sauce 10 Sekunden/ Stufe 4 und erhöhe dabei die Einstellung nach und nach auf Stufe 8. Schmecke die Sauce nochmal mit Salz und Pfeffer ab.

4. Nun wäschst du Schnitzel und Salbeiblätter und tupfst beides trocken. Falls die Schnitzel zu dick sind, plätte sie etwas mit einem flachen Fleischklopfer. Belege das Fleisch mit je einem Salbeiblatt und würze es nach Belieben mit Salz (vorsichtig mit dem Salz umgehen, da der Schinken schon salzig ist) und Pfeffer. Falte die Schnitzel jeweils ein Mal und umwickele sie mit dem Schinken. Bestäube die Fleischpäckchen mit Mehl und erhitze etwas Öl in einer Pfanne. Brate nun darin die Schnitzel, auf jeder Seite ca. 3. Minuten, goldbraun an. Serviere sie mit der Tomatensauce.

Flüssiges mit Einlage

mixtipp
Wenn du das Gemüse etwas knackiger magst, kannst du die Möhren und Erbsen auch später dazugeben oder aber nur die Hälfte mitkochen und den Rest mit den Buchenpilzen dazugeben. So gibt das Gemüse Geschmack ab und ein Teil bleibt knackig.

Kaninchen-Frikasse

Zutaten

150 g Möhren, geschält, in Scheiben
150 g Erbsen, TK
600 g Wildfond
4 Kaninchenkeulen
Salz, nach Belieben
Pfeffer, weiß, nach Belieben
30 g Maismehl
200 g Sahne
150 g Buchenpilze, braun, geputzt, erhältlich z.B. im Bio-Laden
ca. 1 TL Zitronensaft
1 TL Sojasauce, hell

1. Schäle die Möhren, schneide sie in Scheiben und gib sie zusammen mit Tiefkühlerbsen und Wildfond in den Mixtopf. Verschließe den Mixtopf mit dem Mixtopfdeckel, aber ohne den Messbecher aufzusetzen und positioniere darauf den Varoma. Würze die Kaninchenkeulen mit Salz und Pfeffer und lege sie in den Varoma. Achte dabei darauf, dass du genügend Schlitze frei lässt, damit der Dampf zirkulieren kann. Verschließe den Varoma und stelle sicher, dass alles richtig sitzt, damit kein Dampf unkontrolliert entweichen kann. Gare die Zutaten 70 Minuten/ Varoma/ Linkslauf/ Stufe 1.

2. Nach der Garzeit entfernst du vorsichtig den Varoma und löst das Fleisch von den Knochen. Schneide das Fleisch in mundgerechte Stücke.

3. Verrühre in einem Schälchen das Maismehl mit der Sahne und putze die Pilze. Gib die Mehl-Sahne-Mischung zusammen mit den Pilzen in den Mixtopf dazu und erhitze die Zutaten 5 Minuten/ 100°C/ Linkslauf/ Stufe 2.

4. Füge nun geschnittenes Fleisch, Zitronensaft und Sojasauce in den Topf hinzu und koche die Zutaten weitere 2 Minuten/ 100°C/ Linkslauf/ Stufe 1. Schmecke das Frikassee vor dem Servieren nochmal mit Salz und Pfeffer ab.

mixtipp

Serviere dazu als Beilage Safranreis.

mixtipp
Ein wenig Crème Fraîche rundet das Gericht ab.

Linseneintopf mit Gamsfleisch

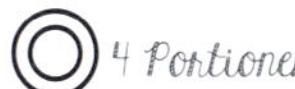 4 Portionen  leicht  1 Stunde 10 Minuten

Zutaten

300 g Möhren, geschält, in groben Stücken
300 g Knollensellerie, geschält, in groben Stücken
300 g Hokkaido-Kürbis, entkernt, in groben Stücken
300 g Porree, geputzt, in Streifen
150 g Linsen (Tellerlinsen), gewaschen
2 TL Salz
1 TL Pfeffer, gemahlen
2 TL Currypaste, rot
1 TL Paprikapulver, geräuchert
500 g Gamsfleisch aus der Schulter, in ca. 2 x 2 cm Würfeln, alternativ Rotwildfleisch
900 g Wasser

1. Als Erstes schälst du Möhren und Sellerie und gibst beide Zutaten in groben Stücken in den Mixtopf. Wasche den Kürbis, entkerne ihn und gib ihn ebenfalls in groben Stücken in den Mixtopf dazu. Den Porree wäschst du, befreist ihn von den Wurzelansätzen und gibst ihn in Streifen geschnitten in den Mixtopf. Zerkleinere nun die Zutaten 4 Sekunden/ Stufe 6 und schiebe die Stücke mit dem Spatel nach unten.

2. Wasche die Linsen unter kaltem Wasser ab und gib sie zusammen mit Salz, Pfeffer, Currypaste, Paprikapulver, Fleisch und Wasser in den Mixtopf. Koche die Zutaten 60 Minuten/ 100°C/ Linkslauf/ Stufe 1. Setze als Spritzschutz das Garkörbchen auf den Mixtopfdeckel. Schmecke den Eintopf nach dem Kochen nochmal mit Salz und Pfeffer ab.

Möhren-Ingwer-Suppe mit Hasenspieß

Zutaten

Utensilien:
Holzspieße

Für das Fleisch:
50 g Mirin (japanischer Reiswein, süß)
2 ½ EL Puderzucker
50 g Orangensaft, frisch gepresst
50 g Zitronensaft, frisch gepresst
120 g Sojasauce
1 TL Speisestärke, mit kaltem Wasser verrührt
2 Hasenrückenfilets, befreit von allen Silberhäuten
1 EL Rapsöl zum Braten

Für die Möhren-Ingwer-Suppe:
20 g frischer Ingwer, geschält und in Scheiben geschnitten
1 Knoblauchzehe
2 Schalotten, halbiert

1. Als Erstes gibst du für die Ponzu-Sauce Mirin, Puderzucker, Orangensaft, Zitronensaft und Sojasauce in den Mixtopf und erhitzt die Zutaten 15 Minuten/ 100°C/ Stufe 3. Währenddessen verrührst du die Speisestärke mit etwas kaltem Wasser und lässt die Mischung langsam durch die Deckelöffnung in die Sauce laufen. Fülle anschließend die Sauce in ein Schälchen um und lass sie erkalten.

2. Schneide die Hasenrückenfilets in vier Stücke, stecke diese auf vier Spieße und lege diese zum Marinieren in die erkaltete Ponzu-Sauce. Lass das Fleisch darin ca. 1 Stunde im Kühlschrank ziehen.

3. In der Zwischenzeit schälst du für die Suppe Ingwer, Knoblauch und Schalotten. Schneide den Ingwer in Scheiben und gib diese in den Mixtopf. Halbiere Knoblauch und Schalotten, gib beide Zutaten in den Mixtopf und zerkleinere sie 5 Sekunden/ Stufe 6. Schiebe anschließend die Stücke mit dem Spatel nach unten und gieße das Rapsöl ein. Dünste die Zutaten 2 Minuten/ Varoma/ Stufe 1.

mixtipp

Lass das Rapsöl zum Braten nicht zu heiß werden, da der enthaltene Zucker in der Ponzu-Sauce verbrennt und das Fleisch dann bitter schmeckt.

1 EL Rapsöl + 1 EL zum Braten
600 g Möhren, geschält, in groben Stücken
200 g Kartoffeln, mehligkochend, geschält, in groben Stücken
200 g Orangensaft, frisch gepresst
1 TL Salz
1 TL Pfeffer, gemahlen
100 g Tomaten, passiert
1 TL Zucker
600 g Wasser oder Wildfond

4. Schäle Möhren und Kartoffeln und schneide beide Zutaten in grobe Stücke. Gib die Kartoffel- und Möhrenstücke in den Mixtopf und zerkleinere sie 5 Sekunden/ Stufe 6. Schiebe die Stücke mit dem Spatel nach unten und füge Orangensaft, Salz, Pfeffer, passierte Tomaten, Zucker und Wasser oder Wildfond hinzu. Koche nun die Suppe 30 Minuten/ 100°C/ Stufe 1. Danach pürierst du die Suppe 30 Sekunden/ Stufe 4 und erhöhst dabei die Einstellung nach und nach auf Stufe 8. Schmecke die Suppe anschließend mit Salz und Pfeffer ab.

5. Entferne die Hasenfiletspieße aus der Ponzu-Sauce und lege sie zum Abtropfen kurz auf Küchenpapier. Brate dann die Spieße in einer heißen Pfanne mit 1 EL Rapsöl von beiden Seiten an.

Rotwild in einem Topf

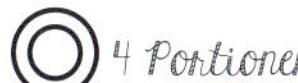

Zutaten

Utensilien:
beschichtete Pfanne

3 Knoblauchzehen
250 g Schalotten, in Ringen
30 g Rapsöl
200 g Bauchspeck, in Streifen
1000 g Rotwildfleisch, aus der Schulter, in ca. 5 cm großen Stücken
etwas Mehl zum Wenden
250 g Portwein, rot
250 g Wasser
3 Lorbeerblätter
3 Zweige Thymian, Blättchen abgezupft
3 Stiele Petersilie, glatt
5 g Salz
½ TL weißer Pfeffer
500 g Möhren, geschält, in ca. 1 cm dicken Scheiben
250 g Champignons, braun, geputzt, in Scheiben

1. Schäle als Erstes den Knoblauch und zerkleinere ihn im Mixtopf 5 Sekunden/ Stufe 5. Schiebe die Stücke mit dem Spatel nach unten.

2. Nun schälst du die Schalotten, schneidest sie in Ringe und erhitzt das Rapsöl in einer beschichteten Pfanne. Brate darin Schalotten und Speckstreifen goldbraun an und gib die Mischung anschließend zum Knoblauch in den Mixtopf.

3. Schneide das Fleisch in 5 cm große Stücke und wende es in etwas Mehl. Brate es ebenfalls in der Pfanne leicht goldbraun an. Gib das Fleisch nach dem Braten in den Mixtopf und füge auch Portwein, Wasser, Lorbeerblätter, Thymian, Petersilie, Salz und Pfeffer hinzu. Schäle die Möhren, schneide sie in Scheiben und gib sie in den Mixtopf. Koche die Zutaten 30 Minuten/ 100°C/ Linkslauf/ Stufe 1.

4. Falls das Fleisch nach der Kochzeit noch nicht weich ist, weil es vielleicht nicht optimal abgehangen wurde oder etwas älter ist, verlängerst du die Einstellung um ein paar Minuten.

5. In der Zwischenzeit putzt du die Champignons und schneidest sie ebenfalls in Scheiben.

6. Nach der Kochzeit gibst du die vorbereiteten Champignons in den Mixtopf und kochst den Eintopf weitere 15 Minuten/ 100°C/ Linkslauf/ Stufe 1.

7. Schmecke den Eintopf noch einmal mit Salz und Pfeffer ab und serviere ihn.

mixtipp
Als Beilage eignen sich Reis, Bulgur oder aber auch Couscous.

Rotwild mit Shiitake-Pilzen

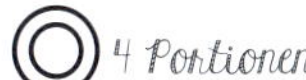
4 Portionen

mittel

30 Minuten

Zutaten

2 Knoblauchzehen, klein
30 g Ingwer, frisch, in Scheiben
3 Schalotten, halbiert
20 g Maisstärke, mit etwas kaltem Wasser verrührt
400 g Wasser
80 g Sojasauce
80 g Ketjap Manis
150 g Shiitake-Pilze, frisch, geputzt, halbiert
150 g Zuckerschoten, halbiert
1 Paprika, rot, in Würfeln
500 g Rotwild aus der Schulter, von Sehnen und Häuten befreit, in kleinen Würfeln
Koriander, frisch, gehackt, nach Belieben, alternativ Petersilie

1. Schäle Knoblauch, Ingwer und Schalotten. Gib Knoblauch, Ingwer in Scheiben und halbierte Schalotten in den Mixtopf und zerkleinere die Zutaten 6 Sekunden/ Stufe 6. Schiebe anschließend die Stücke mit dem Spatel nach unten.

2. Verrühre die Maisstärke in einem separaten Gefäß mit etwas kaltem Wasser und gib die Mischung zusammen mit 400 g Wasser, Sojasauce und Ketjap Manis in den Mixtopf. Putze die Shiitake-Pilze, halbiere sie und gib sie in den Mixtopf. Wasche die Zuckerschoten und gib sie ebenfalls halbiert in den Mixtopf dazu. Die Paprika wäschst du, entkernst sie, gibst sie in den Mixtopf und verrührst mithilfe des Spatels die Zutaten miteinander. Koche die Mischung nun 10 Minuten/ 100°C/ Linkslauf/ Stufe 1 ohne Messbecher.

3. In der Zwischenzeit befreist du das Fleisch von allen Sehnen und Häuten und schneidest es in kleine Würfel. Nach der Kochzeit gibst du die Fleischwürfel in den Mixtopf hinzu und kochst die Zutaten weitere 6 Minuten/ 100°C/ Linkslauf/ Stufe 1 ohne Messbecher.

4. Zum Schluss bestreust du den Eintopf nach Belieben mit frisch gehacktem Koriander oder Petersilie.

mixtipp

Falls du den Fond nicht sofort verwendest, fülle ihn noch heiß in sterile Twist-off-Gläser und stelle diese auf den Deckel. Lass den Fond abkühlen und stelle ihn im Kühlschrank kalt, dort aufbewahrt, ist er 2 Monate haltbar.

Wildfond aus Herzen gezogen

Zutaten

1 Zwiebel, halbiert
1 Bund Suppengemüse, geputzt, geschält, in groben Stücken
1 Petersilienwurzel (falls im Suppengemüse nicht vorhanden), geschält, in groben Stücken
3 Lorbeerblätter
1 EL Piment, im Mörser grob zerstoßen
1 EL Pfefferkörner, grob geschrotet
2 Liebstöckelzweige
1200 g Wasser
2 Herzen vom Wildschwein, mittelgroß, in groben Stücken, alternativ ein großes Rotwildherz

1. Schäle die Zwiebel, halbiere sie und röste beide Schnittflächen in einer heißen Pfanne ohne Öl an.

2. Putze und schäle das Suppengemüse und gib die Zutaten in groben Stücken in den Mixtopf. Zerkleinere die Zutaten 3 Sekunden/ Stufe 7 und gib Lorbeerblätter, Piment, Pfeffer, Liebstöckelzweige und Wasser dazu.

3. Schneide die Herzen in grobe Stücke und fülle sie in das Garkörbchen. Hänge das Garkörbchen in den Mixtopf ein und koche die Zutaten 90 Minuten/ 100°C/ Stufe 1 ohne Messbecher. Nach 15 Minuten Kochzeit, reduzierst du die Kochtemperatur auf 90°C.

4. Anschließend entfernst du vorsichtig mithilfe des Spatels das Garkörbchen und gießt den Fond durch ein Tuch. So entfernst du alle Trübstoffe. Befreie das Herzfleisch gegebenenfalls von allen Kanälen und schneide es in Würfel, so erhältst du eine wunderbare Suppeneinlage. Du kannst auch frische Gemüsestücke als Suppeneinlage verwenden.

mixtipp

Serviere den Fond z.B. mit Wildleberknödeln. (s. Rezept S. 70)

mixtipp
Als Beilage eignet sich gegarter Basmatireis.

Wildcurry

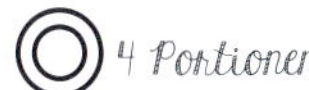
4 Portionen

leicht

45 Minuten

Zutaten

200 g Zwiebeln, halbiert
30 g Rapsöl
2 TL Thaicurrypaste, mild
500 g Paprika, bunt, entkernt, in ca. 1 cm Würfeln
250 g Ananas, frisch, in ca. 1 cm Würfeln
400 g Kokosmilch, ungesüßt
400 g Tomaten, stückig, aus der Dose
1 TL Paprikapulver, geräuchert
1 TL Salz
500 g Oberschale vom Rehwild, in dünnen Scheiben
Pfeffer, nach Belieben

1. Als Erstes schälst du die Zwiebeln, halbierst sie und zerkleinerst sie im Mixtopf 5 Sekunden/ Stufe 5. Schiebe anschließend die Stücke mit dem Spatel nach unten. Gib Öl und Thaicurrypaste hinzu und dünste die Zutaten 4 Minuten/ 90°C/ Stufe 1 ohne Messbecher.

2. In der Zwischenzeit entkernst du die Paprika und schneidest sie in Würfel. Befreie die Ananas von der Schale und dem mittleren Strunk und schneide sie ebenfalls in Würfel.

3. Füge Kokosmilch, Tomaten, Paprika, Ananas, Paprikapulver und Salz in den Mixtopf hinzu und gare die Zutaten 20 Minuten/ 90°C/ Linkslauf /Sanftrührstufe ohne Messbecher.

4. Schneide währenddessen das Fleisch quer zur Faser in dünne Streifen. Nach der Garzeit gibst du es in den Mixtopf dazu und garst die Zutaten weitere 15 Minuten/ 100°C/ Linkslauf/ Sanftrührstufe ohne Messbecher. Schmecke das Curry vor dem Servieren mit Salz und Pfeffer ab.

mixtipp
Serviere die Knödel mit gebratenen Zwiebeln und Speck.

Wildleberknödel

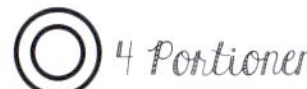

Zutaten

Utensilien:
Kochtopf, groß

50 g Zwiebeln, halbiert
1 Bund Petersilie, glatt, frisch
4 Brötchen, altbacken, in Würfeln
200 g Milch, 1,5 % Fett
150 g Wildleber, ohne Haut
1 TL Salz
½ TL Pfeffer, geschrotet
1 Prise Muskatnuss, gemahlen
1 gestr. TL Majoran, getrocknet
½ TL Thymian, gerebelt
1 Ei, Größe M

1. Schäle die Zwiebeln und gib sie halbiert in den Mixtopf. Wasche die Petersilie, tupfe sie trocken und zerkleinere sie mit den Zwiebeln im Mixtopf 6 Sekunden/ Stufe 6. Schiebe die Stücke mit dem Spatel nach unten und gib die Brötchen in Würfeln dazu. Zerkleinere die Zutaten weitere 30 Sekunden/ Stufe 7 und nimm eventuell den Spatel zur Hilfe. Gieße die Milch ein und verrühre die Zutaten 6 Sekunden/ Stufe 3. Fülle die Mischung anschließend in eine Schüssel um.

2. Entferne die Haut von der Wildleber, befreie sie gegebenenfalls von Kanälen und gib sie zusammen mit Salz, Pfeffer, Muskatnuss, Majoran und Thymian in den Mixtopf. Zerkleinere die Leber 8 Sekunden/ Stufe 7 und schiebe die Stücke mit dem Spatel nach unten. Gib die Brötchenmischung und das Ei dazu und vermische die Zutaten 30 Sekunden/ Linkslauf/ Stufe 5. Schiebe die Stücke mit dem Spatel nach unten und wiederhole die Einstellung.

3. Koche in einem großen Topf reichlich Salzwasser auf und senke dann die Temperatur auf mittlere Hitze, damit die Knödel nicht kochen, sondern nur sieden.

4. Forme mit feuchten Händen 12 gleich große Knödel aus der Masse und lege diese vorsichtig in das heiße Wasser. Wenn du damit Probleme hast, nimm so wie ich, einen Eiskugelformer. Wenn die Knödel oben schwimmen, sind sie fertig und du kannst sie mit einem Schaumlöffel aus dem Wasser entfernen.

mixtipp
Verwende für dieses Rezept
eine Messerabdeckung, die
sog. „Welle“, sie ist ein neues
Zubehör und verwendbar
für den TM5® und TM6®.

Wildtaubensuppe

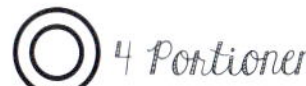

Zutaten

Utensilien:
Schüssel,
Kugelausstecher

1 Bund Suppengrün, geputzt, geschält, in groben Stücken
2 Ringeltauben, ausgenommen, jeweils in 4 Teile geteilt
1 TL Piment, im Mörser angestoßen
1 TL Pfeffer, im Mörser angestoßen
1 TL Salz + nach Belieben
1 Schalotte, ungeschält
1 Knoblauchzehe
3 Liebstöckelzweige
3 Lorbeerblätter
1 Petersilienwurzel, geschält
1 Möhre, geschält
1 Stück Sellerie, klein, geschält
3 Stängel Petersilie, glatt, frisch
Marsala, nach Belieben

1. Putze und schäle für die Suppe das Suppengemüse, schneide es in grobe Stücke und zerkleinere es im Mixtopf 10 Sekunden/ Stufe 10. Schiebe die Stücke mit dem Spatel nach unten.

2. Setze, wenn vorhanden, die Messerabdeckung „Welle" in den Mixtopf ein. Teile die Tauben in vier Teile und lege diese auf das Gemüse im Mixtopf. Gib Piment, Pfeffer, Salz, Schalotte, Knoblauchzehe, Liebstöckel und Lorbeerblätter darüber und bedecke die Zutaten gut mit Wasser. Koche die Zutaten unter Beobachtung 90 Minuten/ 90°C/ Linkslauf/ Stufe 1 ohne Messbecher. Falls zu viel Wasser verdampft, gib immer wieder etwas Wasser durch die Deckelöffnung hinzu.

3. Probiere nach dem Kochen, ob das Fleisch zart ist und verlängere gegebenenfalls die Einstellung um 30 Minuten. Danach entfernst du das Fleisch aus dem Mixtopf und lässt es etwas auskühlen. Gieße den Sud durch ein Küchentuch in eine Schüssel, damit er klar wird. Entferne die Messerabdeckung.

4. In der Zwischenzeit schälst du Petersilienwurzel, Möhre und Sellerie und stichst mit einem Kugelausstecher, Kugeln aus den drei Zutaten. Wasche die Petersilie, tupfe sie trocken und schneide sie in Streifen.

5. Löse das Taubenfleisch vom Knochen und schneide es in Würfel.

6. Fülle den Sud wieder in den Mixtopf und gib auch die Gemüsekugeln und das Fleisch hinzu. Würze die Mischung nach Geschmack mit Marsala und Salz und koche die Zutaten 10 Minuten/ 100°C/ Linkslauf/ Stufe 1 ohne Messbecher. Serviere die Suppe in tiefen Tellern oder Suppenschüsseln mit etwas Petersilie bestreut.

Wildeintopf

Zutaten

200 g Zwiebeln, halbiert
30 g Rapsöl
30 g Tomatenmark
500 g Rehfleisch, aus der Schulter, in 2 x 2 cm Würfeln
400 g Tomaten, stückig, aus der Dose
500 g Wildfond
1 TL Paprikapulver, geräuchert
30 g Mehl, mit kaltem Wasser verrührt
3 Paprika, bunt, entkernt, in Streifen
200 g Ananas, frisch, in Würfeln
1 TL Salz
1 TL Pfeffer
Brot zum Servieren

1. Schäle zuerst die Zwiebeln, halbiere sie und zerkleinere sie im Mixtopf 5 Sekunden/ Stufe 5. Schiebe die Stücke mit dem Spatel nach unten und gib Öl und Tomatenmark dazu. Dünste die Zutaten 5 Minuten/ Varoma/ Stufe 1 ohne Messbecher an.

2. Als Nächstes schneidest du das Fleisch in Würfel und gibst diese zusammen mit Tomatenstücken, Wildfond und Paprikapulver in den Mixtopf. Gare nun die Zutaten 60 Minuten/ Varoma/ Linkslauf/ Stufe 1.

3. In der Zwischenzeit rührst du das Mehl mit etwas kaltem Wasser glatt, sodass keine Klumpen mehr zu sehen sind und entkernst die Paprika und schneidest sie in Streifen.

4. Nach der Kochzeit gibst du die Mehlmischung zusammen mit den Paprikastreifen und der Ananas in den Mixtopf und garst die Zutaten weitere 10 Minuten/ 100°C/ Linkslauf/ Stufe 1 ohne Messbecher. Würze den Eintopf zu guter Letzt mit Salz und Pfeffer und serviere ihn mit etwas Brot.

Etwas zum Sattwerden

mixtipp
Du kannst die Gewürze beliebig austauschen. Mit geschroteten Korianderkörnern zum Beispiel, schmecken die Grillwürste hervorragend.

Frische Wildbratwurst

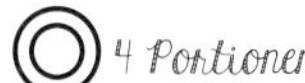

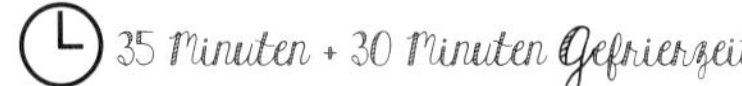

Zutaten

Utensilien:
Brett, Spritzbeutel

350 g Wildschweinfleisch, sehnenfrei, in Würfeln
200 g grüner Speck, in Würfeln, erhältlich beim Metzger
5 g Salz
150 g Eiswürfel
1 TL Senf
1 TL Muskatnuss, gemahlen
1 TL Knoblauchpulver
1 TL Pfeffer
5 Stängel Koriander, frisch, Blätter abgezupft, alternativ Petersilie
2 m Schweinedarm, gut gewässert, mit Wasser durchgespült
Rapsöl zum Braten

1. Für die Bratwurst schneidest du Wildschweinfleisch und grünen Speck in Würfel. Gib beide Zutaten mit Salz in den Mixtopf und zerkleinere sie 8 Sekunden/ Stufe 10. Lege anschließend die Fleischmasse flach auf ein Brett und lass sie 30 Minuten im Tiefkühler auf dem Brett anfrieren.

2. Reinige den Mixtopf gründlich.

3. Nach der Gefrierzeit gibst du die Eiswürfel in den Mixtopf und zerkleinerst sie 3 Sekunden/ Stufe 7. Füge angefrorenes Fleisch, Senf, Muskatnuss, Knoblauchpulver, Pfeffer und Koriander in den Mixtopf dazu und verrühre die Zutaten 3 Minuten/ Stufe 10.

4. Fülle nun die Wurstmasse in einen Spritzbeutel und schneide diesen unten 15 mm auf. Krempele den Darm etwas auf und fülle die Masse hinein. Lass am Ende und am Anfang des Darmes 5 cm frei. Zum Abbinden nimmst du die Würste in beide Hände und drehst sie, so verschließen sie sich.

5. Erhitze Rapsöl in einer beschichteten Pfanne und röste darin die Bratwürste langsam. Du kannst die Bratwürste aber auch wunderbar auf den Grill legen.

Pökelsalz ist ein Gemisch aus Speisesalz und 0,4–0,5 Prozent Kalium- oder Natriumnitrit. Es wird zugesetzt, um die Haltbarkeit zu verbessern, aber auch um ein besonderes Aroma zu erzeugen und die rote Farbe des Fleisches zu erhalten. Pökelware darf man nicht zu stark erhitzen, denn die gefährlichen Nitrosamine können nicht nur im Körper entstehen, sondern auch bei zu starker Erhitzung direkt in unserem Fleisch (z.B. beim Grillen oder Rösten in der Pfanne). Eine schonende Erwärmung z.B. beim Kochen in Wasser ist aber unkritisch. Pökelsalz bekommst du in kleinen Mengen beim Metzger, wenn man nett fragt, oder aber im Metzgereifachhandel, dann allerdings nur in großen Gebinden.

Gepökelte Wildschweinkoteletts

Zutaten

Utensilien: verschließbare Glasschüssel

1000 g Wasser
120 g Nitritpökelsalz
2 TL Wacholderbeeren, zerdrückt
3 Lorbeerblätter
2 TL Urwaldpfeffer, angestoßen, erhältlich z.B. von Spice World
4 Wildschweinkoteletts

1. Fülle Wasser, Pökelsalz, Wacholderbeeren, Lorbeerblätter und Pfeffer in den Mixtopf und koche die Mischung 10 Minuten/ 100°C/ Stufe 1 ohne Messbecher. Lass anschließend die Lake im Mixtopf abkühlen.

2. Lege das Fleisch in eine verschließbare Glasschüssel und gieße die erkaltete Lake über das Fleisch. Achte darauf, dass das Fleisch vollständig von der Lake bedeckt ist. Falls das Fleisch nach oben schwimmt, beschwere es mit einem Teller. Nun lässt du das Fleisch im Kühlschrank marinieren. Als Faustregel gilt ca. 1 Tag pro Zentimeter Fleischdicke.

3. Nach Ende der Marinierzeit gibst du Fleisch und Gewürze ins Garkörbchen. Hänge das Garkörbchen in den Mixtopf ein und gieße so viel frisches Wasser in den Mixtopf, dass das Fleisch komplett bedeckt ist. Koche nun das Fleisch 45 Minuten/ 100°C/ Stufe 2 ohne Messbecher.

4. Prüfe nach der Kochzeit, ob das Fleisch weich ist. Falls nicht, verlängere die Einstellung um ein paar Minuten.

mixtipp

Sauerkraut und Kartoffeln passen hervorragend dazu.

Pfefferpotthast vom Wildschwein

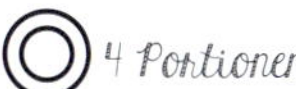

Zutaten

250 g Zwiebeln, halbiert
60 g Rapsöl
500 g Wildschweinfleisch aus der Schulter, in Würfeln
1 EL Pfefferpotthastgewürz, fein gemahlen, z.B. von Hartkorn
1–2 TL Salz
250 g Rotwein, trocken
250 g Portwein, rot
30 g Maismehl

1. Als Erstes schälst du die Zwiebeln, halbierst sie und zerkleinerst sie im Mixtopf 5 Sekunden/ Stufe 5. Fülle die Zwiebelstücke anschließend in eine separate Schale um.

2. Erhitze nun das Öl im Mixtopf 2 Minuten/ Varoma/ Stufe 1. Gib das gewürfelte Fleisch hinzu und gare es 7 Minuten/ Varoma/ Linkslauf/ Stufe 1 ohne Messbecher. Füge die Zwiebelstücke hinzu und gare die Zutaten weitere 3 Minuten/ Varoma/ Linkslauf/ Stufe 1 ohne Messbecher.

3. Als Nächstes gibst du Pfefferpotthastgewürz, Salz, Rotwein und Portwein in den Mixtopf und garst das Ragout 60 Minuten/ 100°C/ Linkslauf/ Sanftrührstufe.

4. Verrühre in der Zwischenzeit Mehl mit etwas kaltem Wasser und gib die Mischung nach der Garzeit, in den Mixtopf dazu. Rühre mithilfe des Spatels die Mischung unter die Sauce und lass sie 3 Minuten/ 100°C/ Linkslauf/ Stufe 1 andicken. Nun kannst du das Ragout zum Servieren auf Teller verteilen. Dazu passen Krautsalat, Kartoffeln und Crème Fraîche.

Pfeffriger Rehbraten aus dem Varoma

4 Portionen

leicht

1 Stunde 10 Minuten

Zutaten

800 g Braten aus der Rehkeule (Unter- oder Oberschale, alternativ Nuss), sorgsam von festen Häuten befreit
3 Petersilienwurzeln, geschält
Salz, nach Belieben
Pfeffer, schwarz, grob geschrotet, nach Belieben
2 Liebstöckelzweige
1000 g Wasser, alternativ Gemüsebrühe

1. Befreie den Braten von allen Häuten und Sehnen und schäle die Petersilienwurzeln. Lege die Petersilienwurzeln in den Varoma und achte dabei darauf, dass genügend Schlitze frei bleiben, damit der Dampf zirkulieren kann. Würze das Fleisch großzügig mit Salz und Pfeffer und lege es auf die Petersilienwurzeln. Lege die Liebstöckelzweige auf das Fleisch und verschließe den Varoma.

2. Gieße das Wasser in den Mixtopf, verschließe den Mixtopf mit dem Mixtopfdeckel, aber ohne den Messbecher aufzusetzen und positioniere darauf den Varoma. Stelle sicher, dass kein Dampf unkontrolliert entweichen kann und gare das Fleisch 60 Minuten/ Varoma/ Stufe 1.

Wildleberkäse ohne Cuttermittel

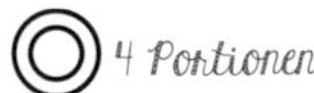 4 Portionen  mittel 20 Minuten + 30 Minuten Kühlzeit + 1 Stunde 30 Minuten Backzeit

Zutaten

Utensilien:
tiefkühlfeste Schüssel, Kastenform, Backpapier, Kerntemperaturmessgerät

150 g Eiswürfel
600 g Wildgulasch, angefroren
400 g Schweinebauch, angefroren, in Würfeln
250 g grüner Speck (unbehandelter roher Speck vom Schwein, nicht geräuchert!), angefroren, in Würfeln
2 TL Salz
1 TL Pfeffer, weiß
1 TL Piment, gemahlen
1 TL Majoran
1 TL Ingwerpulver
1 TL Knoblauchpulver
1 TL Paprikapulver, mild
1 TL Senfmehl, weiß
20 g Sherry, trocken

1. Gib zunächst die Eiswürfel in den Mixtopf und zerkleinere sie 10 Sekunden/ Stufe 10. Stelle den Eisschnee in einer separaten Schüssel kalt.

2. Zerkleinere 300 g Wildgulasch mit 50 g Eisschnee im Mixtopf 30 Sekunden/ Stufe 10. Schiebe die Stücke mit dem Spatel nach unten und wiederhole die Einstellung. Fülle anschließend die Masse in eine tiefkühlfeste Schüssel um und wiederhole den Vorgang mit den übrigen 300 g Wildgulasch und 50 g Eisschnee. Fülle auch diese Masse zu der Masse in die Schüssel und stelle sie für eine halbe Stunde in die Tiefkühltruhe.

3. Zerkleinere nun Schweinebauch, grünen Speck und 50 g Eisschnee im Mixtopf 30 Sekunden/ Stufe 10, schiebe die Masse mit dem Spatel nach unten und wiederhole die Einstellung.

4. Heize den Backofen auf 180°C Ober-/Unterhitze vor und lege eine Kastenform mit Backpapier aus.

5. Hole das Wildpüree aus der Tiefkühltruhe und fülle es zur Speckmasse in den Mixtopf. Gib Salz, Piment, Majoran, Ingwerpulver, Knoblauchpulver, Paprikapulver, Senfmehl und Sherry dazu und verrühre die Masse 30 Sekunden/ Stufe 10. Schiebe das Brät mit dem Spatel nach unten und wiederhole die Einstellung.

6. Verteile das Brät in die vorbereitete Kastenform und streiche die Oberfläche glatt. Ritze die Oberfläche mit einem Messer rautenförmig ein und feuchte sie mit kaltem Wasser an. Backe das Brät nun im vorgeheizten Ofen zuerst 1 Stunde/ 180°C Ober-/Unterhitze und anschließend 30 Minuten/ 150°C Ober-/ Unterhitze. Die Kerntemperatur des Fleisches sollte bei 70°C liegen. Kontrolliere diese mit dem Messgerät.

mixtipp
Dazu schmeckt Kartoffel- oder Nudelsalat sehr gut. Auf einem Brötchen mit etwas Senf serviert, sind sie auch eine Delikatesse.

Wildfrikadellen

Zutaten

1 Brötchen, altbacken, geviertelt
50 g Sahne
1 Zwiebel, halbiert
5 Stängel Petersilie, glatt, frisch
500 g Wildfleisch, ohne Sehnen, angefroren, in Würfeln
1 Ei, Größe M
1 TL Senf
1 TL Salz
1 TL Pfeffer
2 EL Pernod
etwas Öl zum Braten

1. Zerkleinere als Erstes das Brötchen im Mixtopf 7 Sekunden/ Stufe 7, fülle die Krümel in eine Schüssel um und übergieße sie mit der Sahne.

2. Schäle die Zwiebel und gib sie halbiert in den Mixtopf. Wasche die Petersilie, tupfe sie trocken und zerkleinere sie mit der Zwiebel im Mixtopf 6 Sekunden/ Stufe 7. Gib die Mischung anschließend zu der Brötchen-Sahne-Mischung in die Schüssel.

3. Nun zerkleinerst du das angefrorene Wildfleisch im Mixtopf 1 ½ Minuten/ Stufe 7 mithilfe des Spatels und schiebst die Stücke mit dem Spatel nach unten.

4. Füge Ei, Senf, Salz, Pfeffer, Pernod und die Brötchen-Sahne-Mischung hinzu und vermische die Zutaten 2 ½ Minuten/ Teigknetstufe miteinander.

5. Forme mit feuchten oder öligen Händen aus der Masse 8 gleich große Frikadellen und erhitze etwas Öl in einer Pfanne. Brate darin die Frikadellen auf mittlerer Hitze rundherum goldbraun an.

Wildhamburger mit Apfel-Chutney und Speck im Brioche-Brötchen

Zutaten

Utensilien:
ca. 2 Twist-off-Gläser à 250 ml, Pfanne

Für das Apfel-Chutney:
500 g Äpfel, säuerlich, geschält, entkernt, in Vierteln
250 g Zwiebeln, halbiert
1 TL Salz
150 g Zitronensaft
150 g Zucker
Chili, nach Belieben

Für die Brioche-Brötchen:
1 Frischhefewürfel, 42 g
50 g Milch, lauwarm + 1 EL Milch
500 g Mehl, Type 405
120 g Butter, weich, in Stücken
30 g Zucker
4 Eier, Größe M
1 Eigelb, Größe M
1 EL weißer Sesam
1 EL schwarzer Sesam

1. Bereite zuerst das Apfel-Chutney zu. Dafür schälst du die Äpfel, viertelst sie und gibst sie in den Mixtopf. Schäle auch die Zwiebeln, halbiere sie und zerkleinere sie mit den Äpfeln im Mixtopf 5 Sekunden/ Stufe 6. Schiebe die Stücke mit dem Spatel nach unten und gib Salz, Zitronensaft, Zucker und Chili dazu. Koche die Zutaten 40 Minuten/ 100°C/ Stufe 1 ohne Messbecher und fülle das Chutney anschließend in heiß ausgespülte Schraubgläser. Stelle die Gläser nach dem Verschließen auf den Kopf und reinige den Mixtopf gründlich. Lass die Gläser auskühlen und bewahre sie danach im Kühlschrank auf.

2. Als Nächstes bereitest du den Teig für die Brötchen zu. Dafür bröselst du die Hefe in den Mixtopf und löst diese mit 50 g Milch 2 Minuten/ 37°C/ Stufe 2 auf. Füge danach Mehl, Butter, Zucker und Eier hinzu und verrühre die Zutaten 4 Minuten/ Teigknetstufe zu einem Teig. Lass den Teig zugedeckt im Mixtopf, an einem warmen Ort, 30 Minuten ruhen. Nach der Ruhezeit verrührst du den Teig erneut 1 Minute/ Teigknetstufe ohne Messbecher und formst aus dem Teig gleich große Brötchen. Lege die Brötchen auf ein mit Backpapier ausgelegtes Backblech und reinige den Mixtopf gründlich.

3. Verrühre das Eigelb mit 1 EL Milch und bestreiche die Brötchen mit der Ei-Milch-Mischung. Vermische schwarzen und weißen Sesam und betreue damit die Brötchen. Lass die Brötchen anschließend abgedeckt weitere 30 Minuten ruhen.

Für die Burger:
4 Speckscheiben
600 g Wildschweinfleisch aus der Keule, angefroren, in Würfeln
2 TL Salz
2 TL Pfeffer, grob
Rapsöl zum Bestreichen
Salat, nach Belieben

4. In der Zwischenzeit heizt du den Backofen auf 180°C Ober-/Unterhitze vor und brätst die Speckscheiben in einer heißen Pfanne kross an. Lege die Speckscheiben zum Abtropfen auf Küchenpapier und stelle die Pfanne mit dem ausgetretenen Bratfett beiseite. Du brauchst die Pfanne später, um darin die Burger-Patties anzubraten.

5. Backe die Brioche-Brötchen nach der Ruhezeit im vorgeheizten Backofen ca. 30–40 Minuten/ 180°C Ober-/Unterhitze goldbraun und lass die Brötchen nach dem Backen auf einem Kuchengitter auskühlen.

6. Währenddessen zerkleinerst du für die Burger-Patties zuerst 200 g angefrorenes Wildschweinfleisch im Mixtopf 5 Sekunden/ Stufe 6 und füllst es in eine Schüssel um. Wiederhole den Vorgang mit dem restlichen Fleisch und würze es anschließend mit Salz und Pfeffer. Fülle das komplette Fleisch in den Mixtopf und verrühre es 1 Minute/ Teigknetstufe ohne Messbecher. Forme aus der Masse Patties und bestreiche diese mit etwas Öl. Brate die Patties in der Pfanne mit dem ausgelassenen Speckfett von beiden Seiten an.

7. Schneide die Brötchen auf und röste die Schnittkanten der Brötchen in einer heißen Pfanne an. Belege die Brötchen nach Belieben mit Salat, Burger-Patties, Apfel-Chutney und Speck.

mixtipp

Serviere dazu Naturreis oder Gemüsereis und hebe kurz vor dem Servieren klein geschnittene Basilikumblätter unter.

Wildleber in Tomatensauce

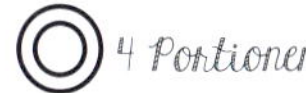

Zutaten

1 Zwiebel, halbiert
2 Knoblauchzehen
1 EL Olivenöl
400 g Tomaten, geschält, aus der Dose
100 g Wildfond
1 TL Oregano
1 EL Tomatenmark
1 TL Zucker
1 TL Salz
1 Prise Pfeffer
1 TL Balsamico, dunkel
200 g Wildleber, in kleinen Würfeln
2 EL Crème Fraîche

1. Schäle und halbiere Zwiebel und Knoblauch und zerkleinere beide Zutaten im Mixtopf 3 Sekunden/ Stufe 6. Schiebe die Stücke mit dem Spatel nach unten und wiederhole die Einstellung. Gieße das Öl in den Mixtopf und dünste die Mischung 4 Minuten/ Varoma/ Stufe 1.

2. Füge nun Tomaten und Wildfond hinzu und zerkleinere die Zutaten 10 Sekunden/ Stufe 6. Danach gibst du auch Oregano, Tomatenmark, Zucker, Salz, Pfeffer und Balsamico dazu und kochst die Sauce 15 Minuten/ 100°C/ Stufe 1 ohne Messbecher. Setze dabei das Garkörbchen als Spritzschutz auf den Mixtopfdeckel.

3. In der Zwischenzeit befreist du die Leber von der Haut und gegebenenfalls von Kanälen und schneidest sie in kleine Würfel.

4. Als Nächstes gibst du Crème Fraîche in den Mixtopf und verrührst die Sauce 15 Sekunden/ Stufe 4. Gib die Leber in die Tomatensauce und erhitze sie darin 2 Minuten/ 100°C/ Linkslauf/ Stufe 3.

Mal etwas anderes

mixtipp
Im Gänsefett gegart, bekommen die Backen einen feineren Geschmack. Leider ist das Gänsefett nicht immer zu bekommen.
mixtipp
Du kannst das Fleisch pur mit Senf und einem Stück Roggenbrot genießen, aber auch Rahmsauerkraut oder geschmortes Gemüse passen sehr gut dazu.

Confierte Wildschweinbacken

Zutaten

ca. 1500 g Rapsöl
4 Wildschweinbacken, mittelgroß
Salz, nach Belieben

1. Erhitze das Rapsöl im Mixtopf 5 Minuten/ 80°C/ Stufe 1 ohne Messbecher.

2. Salze die Wildschweinbacken großzügig, lege sie ins Garkörbchen und hänge dieses vorsichtig in den Mixtopf ein. Achte darauf, dass die Backen mit dem Fett bedeckt sind. Gare die Backen nun 4 Stunden. Da der Thermomix® nur auf 99 Minuten einstellbar ist, habe ich es mir angewöhnt, vier Mal 60 Minuten/ Stufe 1 einzustellen. So kannst du den Vorgang gut kontrollieren und hast immer den Überblick, wie weich die Backen schon sind.

3. Entferne nach der Garzeit vorsichtig das Garkörbchen mithilfe des Spatels und filtere das Fett im warmen Zustand, so kannst du es wiederverwenden. Dafür lässt du es beispielsweise durch einen Kaffeefilter laufen oder verwendest einen Feinfilter. Durch das Confieren erreichst du eine Konservierung des Fleisches. Früher hat man das Fleisch im Fett gelagert, um es länger haltbar zu machen. An einem kühlen Ort war es bis zu einem halben Jahr zu verwenden. Das Fett wurde zu einem Teil mitgegessen - heute nur noch denkbar, wenn man körperlich hoch anstrengende Arbeiten ausübt!

mixtipp
Kleine gebratene Wildfiletstücke schmecken auch super zu dem Graupensalat.
mixtipp
Würze den Joghurt mit etwas Knoblauch, so schmeckt er auch sehr gut.

Lauwarmer Perlgraupensalat mit gebratener Taubenbrust und Minzjoghurt

4 Portionen

mittel

1 Stunde

Zutaten

Für den Minzjoghurt:
6 Stängel Minze, frisch
250 g Naturjoghurt
Salz, nach Belieben
Pfeffer, nach Belieben
Honig, nach Belieben

Für den Graupensalat:
100 g Perlgraupen, mittelgroß
6 Zweige Petersilie, glatt, frisch, Blätter abgezupft
1 Zwiebel, halbiert
2 Möhren, mittelgroß, in groben Würfeln
1 Schlangengurke, klein, in groben Würfeln
1 Zucchini, klein, in groben Würfeln
1 Paprika, gelb, entkernt, in groben Würfeln
2 TL Tomatenmark
40 g Olivenöl
200 g Wildfond
4 EL Chardonnay-Essig
Salz, nach Belieben
Pfeffer, nach Belieben
Ras el Hanout, nach Belieben

1. Zuerst bereitest du den Minzjoghurt zu. Dafür wäschst du die Minze, tupfst sie trocken und zerkleinerst sie im Mixtopf 3 Sekunden/ Stufe 6. Schiebe die Stücke mit dem Spatel nach unten und gib den Joghurt dazu. Verrühre die Zutaten 10 Sekunden/ Stufe 2 und schmecke den Joghurt nach persönlichem Geschmack mit Salz, Pfeffer und Honig ab. Stelle den Joghurt im Kühlschrank kalt.

2. Für den Graupensalat füllst du die Perlgraupen in das Garkörbchen, spülst sie unter fließend kaltem Wasser gut ab und lässt sie abtropfen. Wasche die Petersilie, tupfe sie trocken und zupfe die Blätter von den Stängeln ab. Gib die Petersilienblätter in den Mixtopf und zerkleinere sie 3 Sekunden/ Stufe 6. Fülle die zerkleinerte Petersilie in ein Schälchen um.

3. Als Nächstes schälst du die Zwiebel, halbierst sie und gibst sie in den Mixtopf. Schäle die Möhren und gib sie ebenfalls grob gewürfelt in den Mixtopf dazu. Wasche Gurke und Zucchini, schneide beide Zutaten in grobe Würfel und gib diese in den Mixtopf. Nun wäschst du die Paprika, entkernst sie und gibst sie auch grob gewürfelt in den Mixtopf. Zerkleinere die Zutaten 5 Sekunden/ Stufe 6 und schiebe die Stücke mit dem Spatel nach unten.

4. Gib Tomatenmark und Olivenöl in den Mixtopf dazu und dünste die Zutaten 3 Minuten/ 100°C/ Linkslauf/ Stufe 1 ohne Messbecher.

Für das Fleisch:
Brüste von
2 Ringeltauben, ausgelöst
Mehl zum Panieren
1 Ei, Größe M
1 EL Sahne
2 EL Panko (japanisches Paniermehl), erhältlich im gut sortierten Supermarkt
Salz, nach Belieben
Pfeffer, nach Belieben
Rapsöl zum Braten

5. Danach fügst du die Graupen hinzu und kochst die Zutaten weitere 2 Minuten/ 100°C/ Linkslauf/ Stufe 1 ohne Messbecher. Löse anschließend die Graupen etwas vom Boden und gib Wildfond, Essig, Salz, Pfeffer und Ras el Hanout dazu. Gare die Zutaten nun 25 Minuten/ 100°C/ Linkslauf/ Stufe 1 ohne Messbecher und setze dabei das Garkörbchen als Spritzschutz auf den Mixtopdeckel. Nach 10 Minuten Garzeit, löst du mithilfe des Spatels einmal die Graupen vom Boden. Mische anschließend die zerkleinerte Petersilie mit dem Spatel unter die Graupen-Gemüse-Mischung und schmecke diese mit Salz und Pfeffer nochmal kräftig ab.

6. Richte für die Taubenbrüste eine kleine Panierstraße her. Dafür befüllst du einen Teller mit Mehl, verrührst in einer Schüssel das Ei mit der Sahne, und in einen anderen Teller gibst du das Panko.

7. Die Taubenbrüste halbierst du einmal längs, so können auch versteckte Schrotkörner noch entdeckt werden und würzt sie mit Salz und Pfeffer. Paniere nun jeweils die Brüste abwechselnd gleichmäßig in Mehl, Ei-Sahne-Mischung und Panko und erhitze etwas Rapsöl in einer Pfanne. Brate die panierten Taubenbrüste in der Pfanne, ca. 1 Minute, von jeder Seite kross an.

8. Richte die Taubenbrüste gemeinsam mit dem Graupensalat und dem Minzjoghurt an.

Couscous mit Wildkaninchenbällchen und Karottensud

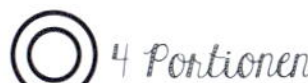 4 Portionen  mittel  1 Stunde + 35 Minuten Ruhezeit

Zutaten

Utensilien:
Pfanne, Schüssel

Für die Wildkaninchenbällchen:
250 g Kaninchenfleisch aus der Keule, angefroren, in Würfeln
40 g Weißbrot, vom Vortag, in Würfeln
40 g Milch (Zimmertemperatur)
1 Schalotte, halbiert
½ Knoblauchzehe
3 Stängel Petersilie, glatt, frisch
1 Ei, Größe S
1 TL Senf, scharf
Salz, nach Belieben
Pfeffer, nach Belieben
1 TL Majoran
20 g Öl zum Braten

1. Zerkleinere das angefrorene Kaninchenfleisch im Mixtopf 5 Sekunden/ Stufe 5 und fülle es in eine Schüssel um. Schneide das Weißbrot in Würfel und weiche es in einer Schüssel mit der Milch ein.

2. Schäle die Schalotte und den Knoblauch, halbiere die Schalotte und gib beide Zutaten mit der Petersilie in den Mixtopf. Zerkleinere die Zutaten 4 Sekunden/ Stufe 6 und schiebe die Stücke mit dem Spatel nach unten. Gib Fleisch, Ei, Brotmasse mit Milch, Senf, Salz, Pfeffer und Majoran hinzu und verrühre die Zutaten 5 Sekunden/ Stufe 2 ohne Messbecher. Schiebe die Stücke mit dem Spatel nach unten und wiederhole die Einstellung.

3. Erhitze das Öl in einer Pfanne und forme, falls du dir unsicher bist, ob du das Fleisch gut abgeschmeckt hast, zuerst ein Bällchen und brate dieses. Probiere das gebratene Bällchen und würze das Fleisch eventuell mit Salz und Pfeffer nach. Schmecke das Fleisch nie im rohen Zustand ab! Forme aus der Hackfleischmasse kleine Bällchen und brate die Bällchen in dem Öl rundherum kross an.

4. Reinige den Mixtopf gründlich und erhitze darin den Wildfond mit einem Schuss Riesling 15 Minuten/ 100°C/ Stufe 1 ohne Messbecher. Fülle den Couscous in eine flache Schüssel und übergieße ihn mit dem kochenden Fond. Verschließe die Schüssel und lass den Couscous ca. 15 Minuten ruhen, bis er die Flüssigkeit aufgesaugt hat.

mixtipp

Zur Dekoration eignen sich in Erdnussöl geröstete Minikarotten mit Grün. Den Sud kannst du mit Erdnussöltropfen verzieren.

Für den Couscous:
125 g Wildfond
Riesling, nach Belieben
100 g Couscous, mittelgrob
2 EL Erdnüsse, geröstet, gehackt
2 EL Karottenwürfel
1 EL Erdnussöl
1 TL Koriander, frisch, gehackt
Salz, nach Belieben
Pfeffer, nach Belieben
Ras el Hanout, nach Belieben

Für den Karottensud:
3 Zitronengrasstangen, gedrittelt
10 g Ingwer, frisch, geschält, halbiert
1 EL Kreuzkümmel
60 g Erdnussöl
100 g Wermut, trocken
200 g Wildfond
200 g Karottensaft
1 TL Pfeilwurzelmehl, mit Wasser verrührt, erhältlich im Bioladen
Salz, nach Belieben
Piment d'Espelette, nach Belieben
Zitronensaft, nach Belieben

5. Nun zerkleinerst du die Erdnüsse im Mixtopf 3 Sekunden/ Stufe 6 und füllst sie in eine Schüssel um. Als Nächstes zerkleinerst du die Karotten im Mixtopf 3 Sekunden/ Stufe 6 und gibst das Erdnussöl hinzu. Dünste die Zutaten 3 Minuten/ 100°C/ Linkslauf/ Sanftrührstufe und rühre anschließend die Mischung mit den Erdnüssen unter den Couscous.

6. Als Nächstes zerkleinerst du den Koriander im Mixtopf 3 Sekunden/ Stufe 6 und mischst ihn ebenfalls in den Couscous. Schmecke den Couscous nach Belieben mit Salz, Pfeffer und Ras el Hanout ab.

7. Für den Karottensud schneidest du die Zitronengrasstangen jeweils in drei Teile und gibst diese in den Mixtopf. Schäle den Ingwer und gib ihn halbiert ebenfalls in den Mixtopf. Zerkleinere die Zutaten 5 Sekunden/ Stufe 6 und schiebe die Stücke mit dem Spatel nach unten. Gib Kreuzkümmel und 10 g Erdnussöl dazu und dünste die Zutaten 10 Minuten/ 100°C/ Stufe 1 ohne Messbecher. Lösche die Mischung mit Wermut ab und lass sie 10 Minuten/ 100°C/ Stufe 1 ohne Messbecher auf die Hälfte einkochen. Danach gibst du den Wildfond dazu und lässt die Mischung wieder 15 Minuten/ 100°C/ Stufe 1 ohne Messbecher auf die Hälfte einkochen. Füge anschließend den Karottensaft hinzu und koche die Zutaten weitere 10 Minuten/ 100°C/ Stufe 1.

8. Währenddessen verrührst du Pfeilwurzelmehl mit etwas Wasser und lässt die Mischung langsam durch die Deckelöffnung in den Sud laufen. Lass den Sud nach dem Kochen 20 Minuten im Mixtopf ruhen und gieße dann die restlichen 50 g Erdnussöl auf den Mixtopfdeckel. Lass dabei den Messbecher aufgesetzt und verrühre den Sud 15 Sekunden/ Stufe 7, das Öl läuft so langsam in den Mixtopf und emulgiert mit dem Sud. Zu guter Letzt schmeckst du den Sud mit Salz, Piment d'Espelette und Zitronensaft ab und streichst ihn durch ein feines Sieb.

9. Zum Anrichten setzt du den Couscous mit einem Ring mittig auf die Teller und verteilst darauf die Wildkaninchenbällchen. Gieße den Sud vorsichtig von der Seite an, damit dein Türmchen nicht zerfällt.

mixtipp
Als Beilage passen ein Speck-Zwiebel-Spitzkohlgemüse und ein Kartoffel-Süßkartoffel-Stampf sehr gut dazu.

Rehrücken im Asiasud

50 Minuten + 2 Stunden 30 Minuten Kühlzeit + 1 Tag Ruhezeit

Zutaten

Utensilien:
Kerntemperatur-messgerät

1 TL Pfefferkörner, schwarz
200 g indonesische Sojasauce, süß
100 g Sojasauce, dunkel
30 g Reisessig, japanisch
50 g Zucker, braun
½ Zimtstange
1 TL Fünf-Gewürze-Pulver, chinesisch, z.B. von Spice World
500 g Wasser
400 g Rehrückenfilet, von allen Häuten befreit

1. Zerkleinere als Erstes den Pfeffer im Mixtopf 10 Sekunden/ Stufe 10. Fülle süße und dunkle Sojasauce, Reisessig, Zucker, Zimtstange, Gewürze-Pulver und Wasser in den Mixtopf und koche den Sud 20 Minuten/ 100°C/ Stufe 2 auf. Achte darauf, dass sich der Zucker vollständig aufgelöst hat und verlängere gegebenenfalls die Einstellung um einige Minuten. Gieße anschließend den Sud in eine Schüssel und lass ihn 2 Stunden abkühlen.

2. Nach der Abkühlzeit halbierst du das Rehfilet, legst es in den Sud und lässt es abgedeckt im Kühlschrank, über Nacht, ziehen.

3. Am nächsten Tag setzt du, wenn vorhanden, die Messerabdeckung „Welle“ in den Mixtopf ein und gibst das Rehfilet samt Sud in den Mixtopf. Das Fleisch muss komplett mit dem Sud bedeckt sein. Gib also gegebenenfalls noch etwas Wasser hinzu. Gare das Fleisch 25 Minuten/ 60°C/ Linkslauf/ Stufe 1 ohne Messbecher. Währenddessen musst du das Filet alle 5 Minuten wenden. Nach der Garzeit nimmst du das Fleisch aus dem Sud und misst die Kerntemperatur. Sie sollte bei ca. 55°C sein. Falls nicht, verlängere die Einstellung um ein paar Minuten. Lass zu guter Letzt das Fleisch auf einem Küchentuch abtropfen und schneide es nach kurzer Ruhezeit an.

mixtipp

Nimm als Beilage den lauwarmen Graupensalat, von S. 98 dazu.

Rehwild in Teriyaki-Sauce

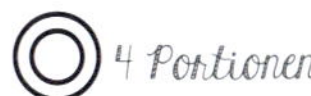
4 Portionen

leicht

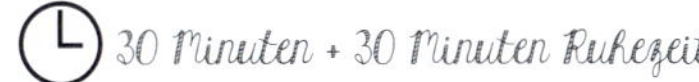
30 Minuten + 30 Minuten Ruhezeit

Zutaten

Utensilien:
4 Spieße, Schüssel

Für die Teriyaki-Sauce:
100 g Wildfond
50 g Mirin (japanischer Reiswein, süß)
50 g Sojasauce
50 g Zucker
50 g Wasser
1 geh. TL Speisestärke, mit Wasser verrührt

Außerdem:
4 Bratenstücke vom Rehwild, klein
Teriyaki-Sauce zum Marinieren
Öl, neutral, zum Braten

1. Für die Sauce füllst du Wildfond, Mirin, Sojasauce, Zucker und Wasser in den Mixtopf und erhitzt die Zutaten 20 Minuten/ 100°C/ Stufe 1 ohne Messbecher. In der Zwischenzeit verrührst du die Speisestärke mit etwas kaltem Wasser und gibst die Mischung durch die Deckelöffnung zu der Sauce in den Mixtopf. Fülle anschließend die Sauce in eine heiß ausgespülte Flasche. Die Sauce hält sich, im Kühlschrank aufbewahrt, ca. 3 Monate. Du kannst sie also super auf Vorrat vorkochen.

2. Befreie die Bratenstücke gegebenenfalls von allen Sehnen, stecke sie auf kleine Spieße und lege sie mit der Teriyaki-Sauce für ca. 30 Minuten zum Marinieren in eine Schüssel.

3. Nach der Ruhezeit nimmst du die Fleischspieße aus der Marinade und lässt sie auf Küchenpapier gut abtropfen. So vermeidest du, dass es beim Braten spritzt. Erhitze etwas Öl in einer Pfanne und brate die Fleischstücke von beiden Seiten an.

mixtipp

Als Beilage serviere ich dazu Kartoffelpüree und gebratenen Speck mit Zwiebeln.

Sous-vide-Garen im Garkörbchen

Zutaten

Utensilien:
2 Vakuumbeutel, Vakuumierer, alternativ Frischhaltefolie, Alufolie

2 Rotwildsteaks, à ca. 300 g, ca. 4 cm dick
2 Rosmarinzweige
2 Thymianzweige
2 Stückchen Butter
Wasser für den Mixtopf
Salz, nach Belieben
Pfeffer, nach Belieben
1 Bund Grüne Frankfurter Kräuter, frisch
Senf, nach Belieben

1. Befreie das Fleisch von allen Häuten und Sehnen und fülle jeweils ein Steak in einen Vakuumbeutel. Darauf verteilst du jeweils einen Rosmarinzweig, Thymianzweig und ein Stück Butter und verschließt die Beutel mithilfe eines Vakuumierers. Falls du keinen im Haus hast, kannst du das Fleisch auch in Frischhaltefolie einwickeln, die Enden dabei gut verzwirbeln und darüber Alufolie wickeln. Auch hier musst du dann die Enden dicht verschließen.

2. Lege das Fleisch in das Garkörbchen und hänge dieses im Mixtopf ein. Gieße nun so viel Wasser in den Mixtopf, dass das Fleisch bedeckt ist. Gare das Fleisch darin medium 60 Minuten/ 55°C/ Stufe 1.

3. Anschließend entfernst du vorsichtig das Garkörbchen mithilfe des Spatels und nimmst das Fleisch aus den Beuteln. Entferne Rosmarin- und Thymianzweige und würze die Steaks mit Salz und Pfeffer. Wickele die Steaks zum Ruhen in Alufolie.

4. In der Zwischenzeit leerst du den Mixtopf und spülst ihn mit kaltem Wasser aus.

5. Fülle die Frankfurter Kräuter in den Mixtopf und zerkleinere sie 3 Sekunden/ Stufe 9. Schiebe die Stücke mit dem Spatel nach unten und wiederhole die Einstellung 3 Sekunden/ Stufe 9. Lege anschließend die zerkleinerten Kräuter auf ein Brett.

6. Als Nächstes nimmst du die Steaks aus der Folie, bestreichst sie dünn mit Senf und wendest sie in den Kräutern. Somit sind die Steaks fertig zum Servieren!

Wildherz mit Avocado

  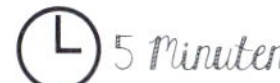

Zutaten

1 Knoblauchzehe
1 Avocado, reif, geschält, entkernt, in Stücken
1 EL Limettensaft
1 TL Salz
Pfeffer, nach Belieben
Chili aus der Mühle, nach Belieben
200 g Wildherz, gekocht, klein gewürfelt (s. Rezept S. 64)
100 g Mais, aus der Dose, abgetropft

1. Schäle als Erstes den Knoblauch und zerkleinere ihn im Mixtopf 5 Sekunden/ Stufe 5. Schiebe die Stücke mit dem Spatel nach unten.

2. Nun schälst und entkernst du die Avocado und gibst sie in Stücken, zusammen mit Limettensaft, Salz, Pfeffer und etwas Chili in den Mixtopf. Verrühre die Zutaten 8 Sekunden/ Stufe 5.

3. Schneide das Herzfleisch in kleine Würfel. Gib diese zusammen mit dem abgetropften Mais in den Mixtopf und verrühre die Zutaten 6 Sekunden/ Linkslauf/ Stufe 3 ohne Messbecher.

mixtipp
Mit in Butter angedünsteten Zwiebeln sind sie besonders lecker. Auch ein frischer Salat passt gut dazu.

Wildleberspätzle

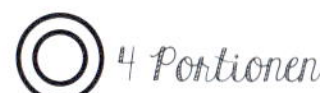

Zutaten

Utensilien:
Kochtopf, groß,
Spätzlepresse,
Schaumlöffel, Pfanne

2 Schalotten, halbiert
10 Stängel Petersilie, glatt, frisch
250 g Wildleber, ohne Haut, in Stücken
2 Eier, Größe M
250 g Mehl, Type 405
1 geh. TL Salz
½ TL Pfeffer, schwarz, geschrotet
1 gute Prise Muskatnuss, gemahlen
Butter zum Braten

1. Schäle die Schalotten, halbiere sie und zerkleinere sie mit der Petersilie im Mixtopf 5 Sekunden/ Stufe 6. Schiebe die Stücke mit dem Spatel nach unten und wiederhole die Einstellung.

2. Entferne die Haut von der Leber, befreie sie gegebenenfalls von Kanälen und gib sie in Stücken in den Mixtopf dazu. Zerkleinere die Zutaten 10 Sekunden/ Stufe 10 und schiebe die Stücke mit dem Spatel nach unten. Gib auch Eier, Mehl, Salz, Pfeffer und Muskatnuss hinzu und verrühre die Zutaten 2 Minuten/ Teigknetstufe. Schiebe den Teig mit dem Spatel nach unten und wiederhole die Einstellung.

3. Koche reichlich Salzwasser in einem großen Kochtopf auf. Presse den Teig portionsweise durch eine Spätzlepresse und lass den Teig langsam in das Wasser gleiten. Wenn die Spätzle oben schwimmen, sind sie fertig und du kannst sie mit einem Schaumlöffel abseihen.

4. Erhitze in einer Pfanne etwas Butter und brate darin die Leberspätzle goldbraun an.

Wie ich zur Jagd kam

Vor 40 Jahren bekam ich von einem Freund mein erstes Stück Wildbret. Eine Rehkeule, verpackt in einer Plastiktüte, die in einem Karton steckte! Sein Hinweis war: „Kannst du auch wegwerfen, sieht schon gruselig und blutig aus. Das Reh ist gestern geschossen worden, ich saß daneben. Und das ist mein Anteil."

Mein erster Gedanke war damals schon: Muss so was nicht hängend reifen?
Aber egal, ich habe die Tüte geöffnet, und appetitlich sah es zunächst wirklich nicht aus. Dann habe ich aber die Keule gewaschen und bald machte sich ein angenehmer Geruch in der Miniküche in meiner Studentenbude breit. Wegwerfen kam jetzt gar nicht mehr in Frage. Ich hatte nun wirklich Lust, es zuzubereiten!

Wildkochbücher gab es damals nur ganz wenige. In dem Buch, das ich kaufte, wurde das Fleisch noch mit grünem Speck gespickt. Ich besaß weder eine Spicknadel, noch hatte ich die Möglichkeit, kurzfristig grünen Speck zu besorgen. Daher habe ich es mit wenigen Gewürzen angebraten und wie einen Braten geschmort. Von dem Ergebnis war ich total begeistert!

Danach kam vorerst leider kein Wildbret mehr, das Jagderlebnis hatte den Freund wohl sehr mitgenommen.

Dann lernte ich meinen Mann kennen, einen passionierten Jäger. Ich dachte nur: Den schickt mir der Himmel! Endlich keine Wildbretsorgen mehr.

Doch irgendwann kam dennoch Unzufriedenheit auf. Der Nachschub erfolgte etwas schleppend und entsprach auch nicht immer meinen Vorstellungen, die Schüsse zerstörten mir zu viel Wildbret!

So bekam ich eines Tages zu hören: „Mach es doch selber, aber das traust du dich nicht. Und schaffen wirst du es sowieso nicht!"
Das war das Stichwort – ich machte den Jagdschein!

Seit 25 Jahren jage ich nun selbst und habe keinen Tag bereut. Fast alles wird verwertet und ich bin wahnsinnig stolz, wenn ich meinen Gästen mein Wildbret servieren kann. Außerdem versuche ich, meine Wildfleischbegeisterung bei Wildkoch- und Wildgrillkursen zu vermitteln.
Wildfleisch: Für mich ganz klar das beste Bio-Fleisch ever!

Wildgerichte

128 Seiten,
durchgehend farbig bebildert,
Klappenbroschur, 17 x 24 cm,
ISBN: 978-3-96058-093-5, **9,99 €**

Wildbret ist so vielfältig wie seine Zubereitungsarten. Ob Ragout „Försterart", Rehbock-Tatar oder zarter Hase in Rotweinsauce, hier stellt das Team mixtipp die leckersten Wildrezepte vom deftigen Braten bis hin zu feinen Klassikern der Wildbretküche vor.
Das Team mixtipp grüßt mit einem „Horrido" und wünscht „Waidmannsheil" beim Nachkochen!

essen und trinken, Für jeden Tag:
Low Carb
Gesund leben mit dem Thermomix®

144 Seiten,
durchgehend farbig bebildert,
Hardcovercover, 17 x 24 cm,
ISBN: 978-3-96058-333-2, **18,99 €**

Gleichzeitig schlemmen und abnehmen?
Low Carb steht für köstliche Gerichte mit wenig Kohlenhydraten. In diesem Buch finden Sie 65 schmackhafte Rezepte. Sie alle sind für die Zubereitung mit dem Thermomix® konzipiert, so dass nicht nur das Abnehmen, sondern auch die Zubereitung der Speisen zu einem wahren Kinderspiel wird.
Viel Spaß beim Entdecken der Low-Carb-Welt!

mixtipp:
Landfrauengerichte
112 Seiten,
Format: 17 x 24 cm,
Klappenbroschur,
durchgehend farbig bebildert
ISBN: 978-3-96058-245-8, **9,99 €**

Landfrauen wissen, welche Produkte zu welcher Jahreszeit Saison haben und sie besitzen einen reichen Schatz an traditionellen Rezepten. In der heutigen Zeit ist dieses Wissen immer mehr verloren gegangen, dabei ist doch nichts einfacher und umweltschonender, als heimische Produkte nach Saison einzukaufen. Unsere Autorin Eva Weigelt bringt uns mit über 40 Landfrauengerichten unsere Heimat wieder ein Stückchen näher. Dabei vereint sie Tradition und Moderne, denn auch Landfrauen wollen den Thermomix® als Küchenhelfer nicht missen. Die Rezepte wecken viele Kindheitserinnerungen und zeigen dir, wie du klassische Rouladen, feine Suppen, deftigen Kohl oder süße Zwetschgen im Thermomix® zubereiten kannst. Wie immer kannst du alle Rezepte ganz leicht mit dem TM5® oder TM31® nachkochen!

mixtipp:
Lieblings-Leckerlis
112 Seiten,
Format: 17 x 24 cm,
Klappenbroschur,
durchgehend farbig bebildert
ISBN: 978-3-96058-998-3, **9,99 €**

Du hast den Thermomix® in deiner Küche stehen und schon viele leckere Gerichte für dich und deine Familie gezaubert. Aber was ist eigentlich mit dem besten Freund des Menschen? Unsere Autorin Sylvia Lühert möchte, dass auch ihr Hund nicht auf liebevoll kreierte Leckereien verzichten muss. Nicht nur wir Zweibeiner wollen Essen aus erlesenen Zutaten erhalten, auch für die Vierbeiner soll es nur das Beste geben. Mit Zutaten wie Haferflocken, Fleisch und Fisch unterschiedlichster Art hat Sylvia Lühert experimentiert und viele leckere Leckerli-Rezepte kreiert. So ist heute nicht nur ihr eigener Hund großer Thermomix®- Fan, auch wir vom Team mixtipp waren sofort überzeugt! Bei den über 40 Rezepten ist für jeden Hundegeschmack etwas dabei! Außerdem laden die Rezepte dazu ein, selbst kreativ zu werden, um Lieblings-Leckerlis für deinen Hund zu kreieren.

mixtipp:
Lieblingswurstrezepte
128 Seiten,
Format: 17 x 24 cm,
Klappenbroschur,
durchgehend farbig bebildert
ISBN: 978-3-96058-112-3, **9,99 €**

Vor fast 40 Jahren startete Metzgermeister Rainer Hellmann seine Lehre und die Leidenschaft für gutes Essen wurde zu seiner Berufung. Schritt für Schritt erklärt er die Herstellung der drei grundlegenden Wurstsorten – Brüh-, Koch- und Rohwurst – und stellt außerdem die Fachbegriffe und Arbeitsgeräte der Wurstherstellung vor. Der Profi hat schon früh erkannt, dass der Thermomix® tatsächlich alle Zubereitungsschritte übernehmen kann! Im Rezeptteil nimmt uns Rainer Hellmann mit auf eine Rundreise durch die süddeutschen Leberkäse-Varianten, er serviert uns außerdem leichte Geflügelwurst und leckere Streichwurst. Den Bratwürsten ist ein eigenes Kapitel gewidmet, hier tummeln sich Knoblauchgriller, Kräuterlinge und Bratwurst „Italia". Ergänzt wird die Rezeptsammlung durch eine ausführliche Einleitung, die jeden Laien die Welt des Wurstherstellens nahe bringt.